纤维及纺织品可持续发展与创新丛书

Springer

Textiles and Clothing Sustainability:

Recycled and Upcycled Textiles and Fashion

纺织品及服装
可持续发展与创新

【印】 萨勃拉曼尼亚·森西卡纳·穆图◎编著

Subramanian Senthilkannan Muthu

洪岩◎译

中国纺织出版社有限公司

内 容 提 要

本书主要介绍了纺织品及服装的回收和再利用、纺织品及服装原料的回收和再利用以及牛仔废弃物的回收和再利用。

本书可供纺织、材料、化工、环境等相关专业的科研人员、工程技术人员、管理人员及院校相关专业的师生阅读，对于研发适应时代需要的纺织品及服装具有指导和借鉴作用。

First published in English under the title
Textiles and Clothing Sustainability：Recycled and Upcycled
Textiles and Fashion
edited by Subramanian Senthilkannan Muthu
Copyright © Springer Science+Business Media Singapore，2017
This edition has been translated and published under licence from
Springer Nature Singapore Pte Ltd.

本书中文简体版经 Springer Science+Business Media Singapore
授权，由中国纺织出版社有限公司独家出版发行。本书内容未经出版者书面许可，不得以任何方式或手段复制、转载或刊登。

著作权合同登记号：图字：01-2020-4466

图书在版编目（CIP）数据

纺织品及服装可持续发展与创新/（印）萨勃拉曼尼亚·森西卡纳·穆图编著；洪岩译.--北京：中国纺织出版社有限公司，2022.1
（纤维及纺织品可持续发展与创新丛书）
书名原文：Textiles and Clothing Sustainability：
Recycled and Upcycled Textiles and Fashion
ISBN 978-7-5180-8803-4

Ⅰ.①纺… Ⅱ.①萨… ②洪… Ⅲ.①纺织工业—可持续性发展—研究—世界②服装工业—可持续性发展—研究—世界 Ⅳ.①F416.8

中国版本图书馆 CIP 数据核字（2021）第 168507 号

责任编辑：范雨昕 孔会云 责任校对：王蕙莹 责任印制：何 建

中国纺织出版社有限公司出版发行
地址：北京市朝阳区百子湾东里 A407 号楼 邮政编码：100124
销售电话：010—67004422 传真：010—87155801
http://www.c-textilep.com
中国纺织出版社天猫旗舰店
官方微博 http://weibo.com/2119887771
北京新华印刷有限公司印刷 各地新华书店经销
2022 年 1 月第 1 版第 1 次印刷
开本：710×1000 1/16 印张：7.5
字数：114 千字 定价：138.00 元

目　录

第1章 纺织品及服装的回收和再利用

摘要：纺织品及服装的可持续发展是一项巨大的挑战，纺织废弃物可以通过各种回收方式作为增值产品的原材料。人们为服装废弃物升级、回收和再利用成为新的产品制订了一个框架，本章详细地描绘了 10 个研究案例。此外，编者还讨论了印度和全球纺织品及服装回收和再利用的现状以及这一过程面临的挑战。

关键词：可持续性；时尚；服装废弃物；框架；回收和再利用

1.1 概述

近年来，"可持续发展"一词已成为全球的流行语。《牛津词典》将可持续定义为"能够以一定的速度或水平维持"，或"通过避免自然资源的损耗来保持生态平衡"。布伦特兰委员会（Brundtland，其前身为世界环境与发展委员会）提出了"可持续发展"一词的第一个同类定义，即"既满足当代人的需要，又不对后代人满足其自身需求的能力构成危害的发展"（United Nations，1987）。联合国环境规划署（UNEP）预测，考虑到目前的消费率，2050 年的消费率将是现在消费率的 3 倍（Annual Report，2011），大量减少的稀缺自然资源的消耗使人类面临巨大的压力。对可持续性最简单的理解是，自然资源的产生和消耗的速度应该匹配。经典的 3R 概念，包括再利用、减少和回收，被认为是可持续发展中被广泛认可的解决方案之一。为了可持续发展，4R 概念一直在演变，在经典的 3R 概念中增加了一个名为"回购"的元素。4R 概念强调了从重复使用、回收或再生材料中重新购买产品的重要性。

时尚可以看作是一种自我的表达，这种自我表达会在一段时间被一群人广泛接受，同时它具有多种市场营销的因素，如更短的生命周期、较低的可预测性、较高的冲动购买率和市场需求的高波动性（Fernie et al.，2004）。直到 20 世纪 80 年代，除了高级时装（Brooks，1979）外，服装行业的流行和成功都集中在低成本的标准化风格的大规模生产上。自 1999 年以来，时装秀和服装表演成为一种公共和普遍的现象，这导致了服装演变过程的神秘化。

技术的广泛使用，加之互联网和数字化技术的迅猛发展，使得信息和趋势迅速传播，从而使消费者有了大量可供选择的商品（Economist, 2005）。消费者在较短时间内对不同款式的大量需求，促使 Zara、Mango、New Look 和 Top Shop 等零售商在 3~5 周内迅速采用设计方案，并向商店介绍对时装周设计的解读（Hoffman, 2007）。快时尚是用来描述廉价和负担得起的衣服的一个词语，这是时装秀设计以最快的方式进入商店，以响应最新趋势的结果。快时尚零售正引导消费者提高购买率，保留衣服的时间越来越短，这就导致了废弃服装处理量的增加。时尚是新潮的、时髦的、最新的、紧跟潮流的，而可持续是持久的、耐用的、低影响的和环保的。

1.2 纺织品的回收和再利用

1.2.1 纺织废弃物的分类

纺织废弃物可大致分为三类，即消费前的纺织废弃物（PrCTW）、后工业用纺织废弃物（PITW）和消费后的纺织废弃物（PtCTW）。

1.2.1.1 消费前的纺织废弃物

消费前的纺织废弃物（PrCTW）是指从未流向消费者，而是直接来源生产厂家的废弃物。例如，轧棉废弃物、开口废弃物、梳棉废弃物、精梳落棉、精梳废纱、粗纱废弃物、环锭纺纱的废弃纤维、环锭纺纱废弃纱线、自由端纺纱废弃纤维、自由端纺纱废弃纱线、针织废纱、织造废纱、织物切割废弃物，织物湿加工废弃物和服装制造废弃物。

1.2.1.2 后工业用纺织废弃物

后工业用纺织废弃物（PITW）是在上游产品的制造过程中产生的。这些主要来自原生纤维的生产商、轮胎帘子线制造商、聚合装置和其他塑料制品。它们是从消费者供应链中回收的。

1.2.1.3 消费后的纺织废弃物

消费后的纺织品废弃物（PtCTW）是来自消费者的废弃物，通常是准备处置或掩埋的衣服。其最有效的回收方式包括回收配饰和饮料瓶，用来制造再生聚酯。

1.2.2　纺织废弃物的回收

根据所使用的原材料和工艺结束时生产的产品不同，回收技术（Scheirs，1998；Wang，2006）可分为一级、二级、三级和四级回收（表 1.1）。

表 1.1　回收技术分级

级别	回收的原材料
一级回收	工业废弃物
二级回收	消费后产品的机械加工
三级回收	聚合物废弃物的热解、水解以得到单体或燃料
四级回收	燃烧纤维状固体废弃物并利用其产生的热量

一级回收涉及将产品回收成其原始形式，例如工业废弃物；二级回收包括将消费后的塑料产品进行机械或熔融的方法加工成物理、机械和/或化学性能较低的新产品；三级回收包括热解和水解的过程，其将塑料废弃物转化为基本化学品或单体或燃料；四级回收是指燃烧纤维状固体废弃物并利用其产生的热量。

1.3　服装的回收和再利用

1.3.1　服装回收和再利用的发展

美国国家环境保护局（USEPA）估计，纺织废弃物占所有垃圾填埋场空间的近5%，纺织回收工业的所有消费前和消费后的纺织废弃物（PCTW）约占15%，剩下的85%则在垃圾填埋场。升级再利用和降级再利用可以视为回收利用的典型。"升级再利用"一词由皮尔兹股份有限公司的雷纳·皮尔兹（Reiner Pilz）在1994年首次提出，他解释了为旧产品或用过的产品增加价值的概念，这与普遍的降低产品价值的回收利用概念完全相反（Aa）。1998年，冈特·保利（Gunter Pauli）用德语撰写了第一本有关升级、回收、再利用的书籍，后由约翰内斯·F·哈特克梅耶（Johannes F. Hartkemeyer）和德国奥斯纳布吕克业余大学的院长改编而成。威廉·麦克唐纳（William McDonough）和迈克尔·布朗格（Michael Braungart）于 2002 年出版的《从摇篮到摇篮：重塑我们制造事物的方式》一书引起了公众的注意，并巩固了它在公众使用中的地位。

通常，升级再利用是指从旧的、使用过的、已处置的物品中创建新的、更有价值的东西。升级再利用的过程需要综合考虑环境意识、创造能力、创新能力和努力等因素，并产生独特的可持续的手工产品。升级再利用旨在开发真正可持续的、负担得起的、创新的和有创意的产品。例如，降级再利用旧 T 恤生产清洁抹布，而升级再利用将衬衣重新制成增值产品，例如独特的手工编织地毯。文献显示，很少有时尚产业已经开始尝试利用废弃材料、人们不再喜爱的材料、库存或剩余材料进行升级再利用，和/或雇佣社会可持续性的工人或采取可持续性的工作实践来重新创造增值的产品。

1.3.2 服装的升级再利用案例

1.3.2.1 Kallio

Kallio 是由卡里娜·卡利奥（Karina Kallio）创立的一个童装品牌，其服装以有趣和功能性著称，拥有绿色的环保理念。Kallio 将男童衬衫重新设计成时尚、现代的经典款式，适合婴儿至 8 岁的儿童。Kallio 开发设计的新款童装大多是将老款童装经过重新创造设计，并通过手工裁剪制作而成的，这些服装因其独特的颜色、图案和设计广受欢迎。

1.3.2.2 Sword&Plough

Sword&Plough 是一个具有社会意识的品牌，它利用回收的军用剩余面料制成时尚的钱包和手袋。该品牌与雇用退伍军人的美国制造商合作，并将 10% 的利润捐赠给退伍军人。该品牌的显著特点是致力于为退伍军人提供体面的就业和工作环境。由于这些袋子是由军用织物制成的，因此它们十分结实，且经久耐用。

1.3.2.3 Reformation

Reformation 是由亚埃尔·阿法拉洛（Yael Aflalo）于 2009 年在洛杉矶成立的一家服装公司，旨在为女性打造性感时尚的风格。Reformation 的原材料包括新的可持续纺织品、老款的服装以及从过度订购的服装店中盘活的库存面料。它们的系列主要迎合身高为 165cm（约 5.6 英尺）至 175cm（约 5.1 英尺）之间的女性，而娇小系列则专为身高为 165cm（约 5.4 英尺）及以下的女性设计。Reformation 的独特之处在于，它拥有集设计、制造、摄影、同库同厂销售于一体的经营模式。Reformation 致力于可持续发展与创新，使用再生纸，节能照明，无毒清洁用品和可持续商业实践。

1.3.2.4　Looptworks

Looptworks 由斯科特·哈姆林（Scott Hamlin）和加里·派克（Gary Peck）于 2009 年创立，旨在打造可持续发展的企业。Looptworks 的工作原则是拯救高质量的、未使用过的材料，并将其以限量版、手工编号的商品的名义，转化为对日常生活精致而有用的产品。Looptworks 的产品包括现有的氯丁橡胶，可用于背包、平板电脑、笔记本电脑等高科技产品的外壳等。Looptworks 致力于可持续发展，与西南航空公司（LUV）达成座椅项目。该项目将航空公司旧内饰剩余的 80000 个真皮座椅套升级再造为限量版手袋等新产品。

1.3.2.5　Seamly.co

Seamly.co 由克里斯汀·格伦（Kristin Glenn）创立，旨在以负责任的态度，用思想、灵魂和关怀生产服装。该品牌注重工艺，并使用多余的面料进行制作，整个服装制作过程在自己国家内进行。

1.3.2.6　Reclaimed

Reclaimed 是一家环保且具有社会责任感的美国社会企业，使用老款服装或复古风格的服装打造独一无二的高品质连衣裙。这家企业成立于 2014 年，致力于为具有社会意识的时尚人士打造高品质的连衣裙，并且是一家支持教育和赋权妇女和女童的非营利性组织。

1.3.2.7　Trmtab

该品牌由曼西（Mansi）和卡珊德拉（Cassandra）创立，它利用世界各地工厂的皮革废弃物制造限量版产品，还为科技设备提供精制的皮革制品。Trmtab 这个名字的灵感来自系统理论学家巴克明斯特·富勒（Buckminster Fuller）创造的术语，意思是船舵上的一点压力就能改变船的方向。同样，一个人也可能是巨大影响产生的起点。Trmbat 与 Prachi Leathers 合作推出了升级回收再造的计划，并希望能给时尚行业带来一点小的变化。

1.3.2.8　Blue Made Green

拉特纳·普拉巴·拉吉库马尔（Ratna Prabha Rajkumar）在班加罗尔经营着一家名为 Blue Made Green 的高档精品店。这家店名来源于牛仔裤，店中陈列的基本上是蓝色牛仔裤子经绿色环保的方式转换而成的增值产品，如购物袋、背包、笔记本电脑包、手提包、吊带包、牛仔裙、夹克、连衣裙、围裙、收纳袋、坐垫套和床罩等，它们可以被视为绿色产品。

1.3.3　服装回收和再利用的过程

笔者已经提出了利用服装废弃物的框架。在此过程中还考虑了各种因素，例如，废弃物的种类、赋予产品的增值量、增值的影响、产品的成本、社会效益、环境效益和消费者行为。具体包括：

（1）服装或服装废弃物的选择；

（2）识别服装中的瑕疵；

（3）进行创意性设计；

（4）评估服装的设计；

（5）改制服装的制作。

1.3.4　服装改制的案例研究

1.3.4.1　案例1：由女式 T 恤改制儿童睡衣

第一步：选择服装

从服装行业消费前的废料中选择一件破损的服装进行升级再造。

选择的服装：女式 T 恤（图 1.1）。

第二步：识别服装中的瑕疵

①识别服装中的瑕疵或损坏。

②瑕疵：制作时的疏忽（领口罗纹的缺失）（图 1.2）。

第三步：进行创意性设计

①从多方面研究中提出升级再造这些消费前废弃物的构思（女式 T 恤）。

②将这些设计构思变成插图或草图的形式。

③分析此设计的最终产品能否替换或改变服装原本的瑕疵。

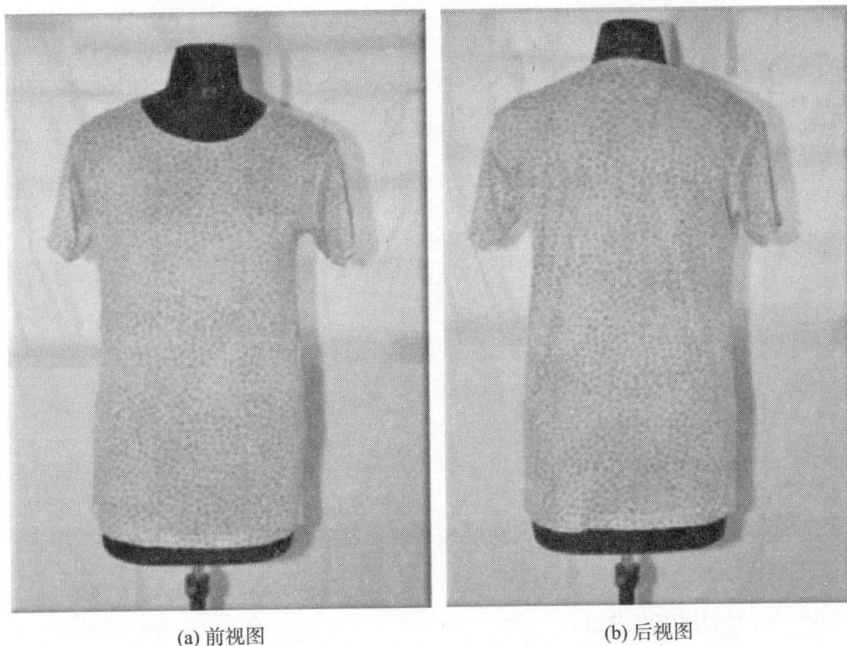

(a) 前视图　　　　　　　　　(b) 后视图

图 1.1　破损或有瑕疵的女式 T 恤

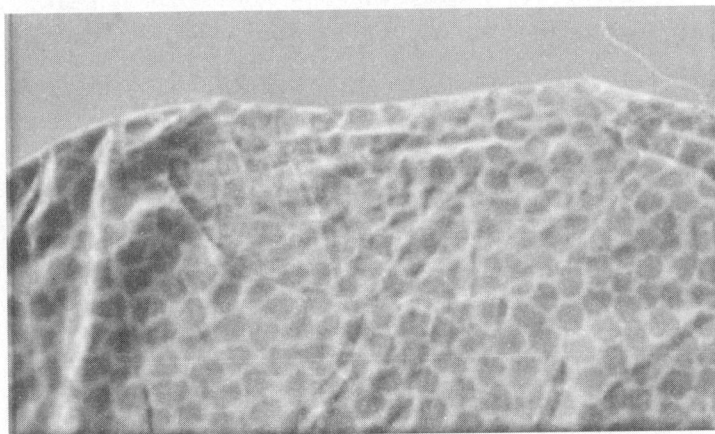

图 1.2　服装的瑕疵（领口罗纹的缺失）

④绘制原始产品和最终产品的草图。

⑤设计底部有荷叶边、收缩肩带的儿童睡衣（图 1.3）。

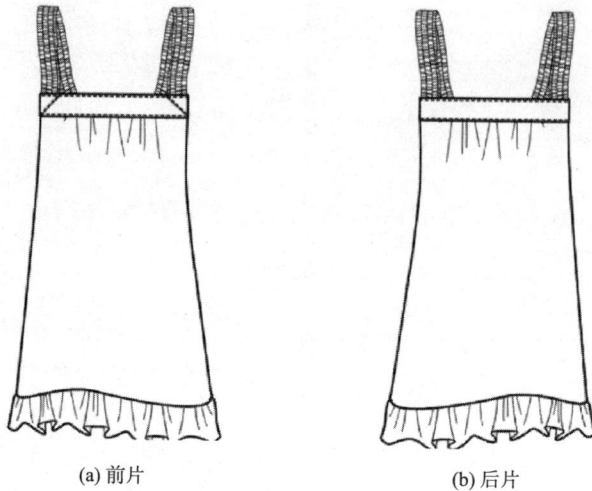

(a) 前片　　　　　　　　　(b) 后片

图 1.3　荷叶边收缩肩带儿童睡衣的设计

第四步：评估服装的设计

①从消费前的废弃物中选择一件服装，它必须符合以下要求进行评估。

②服装必须能够与最终产品的尺寸相匹配。

③对服装尺寸进行评估，并做出变化及重新构造（考虑放松量、放缝份等）。

④女式 T 恤尺寸：大号。

⑤儿童睡衣尺码见表 1.2。

表 1.2　儿童尺码表

年龄	身高	胸围	腰围	臀围
4 岁	96.5~106.7cm （38~42 英寸）	55.9cm （22 英寸）	53.3cm （21 英寸）	58.4cm （23 英寸）

第五步：改制服装的制作

①剪开侧缝和袖子，把前后衣片分开。

②剪去前衣片和后衣片瑕疵的部分（颈部）。

③根据尺寸和设计重新制作领口和袖窿（图 1.4）。

④用包边法包裹住颈部和领口的毛边（图 1.5）。

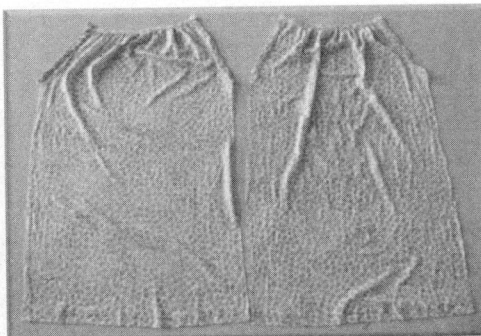

图 1.4　标记后的瑕疵服装　　　　　图 1.5　剪裁切割后的瑕疵服装

⑤利用在初始阶段被剪去的后领部分的面料制作褶边（图 1.6）。

(a) 切开的部分　　　　　　　　　　(b) 褶皱完成

图 1.6　褶边的制作

⑥将褶边与衣身的前后片连接，并缝合侧缝（图 1.7）。

⑦利用来自袖子的面料制作收缩肩带（图 1.8）。

⑧将肩带与衣身相连接。

⑨为睡衣做一些必要的装饰。

⑩儿童睡衣即由女式 T 恤改制而成（图 1.9）。

1.3.4.2　案例 2：由女式 T 恤和背心改制儿童连衣裙

第一步：选择服装

①女式 T 恤；

图 1.7　褶边与前后片、侧缝的连接

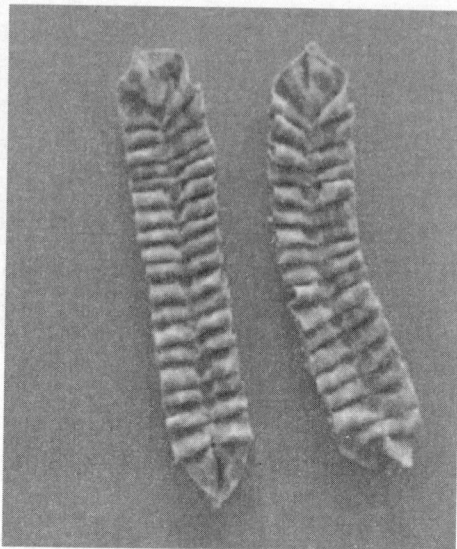

图 1.8　收缩肩带的制作

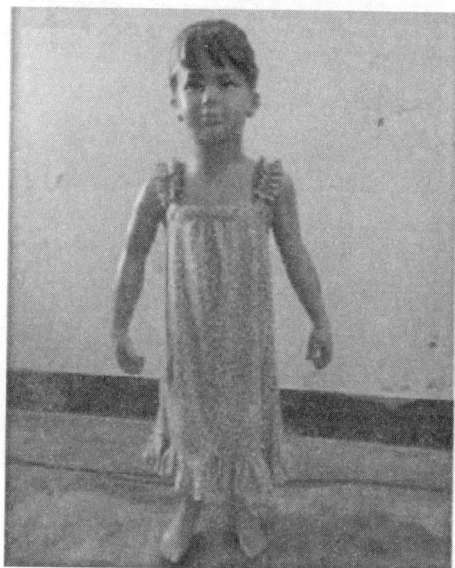

(a) 前视图

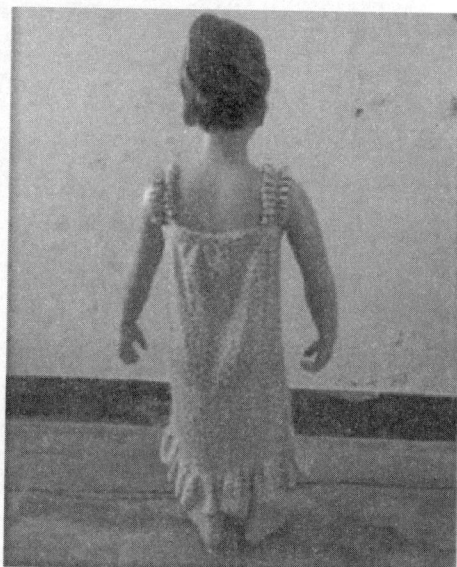

(b) 后视图

图 1.9　改制后的儿童睡衣

②女式背心（图 1.10）。

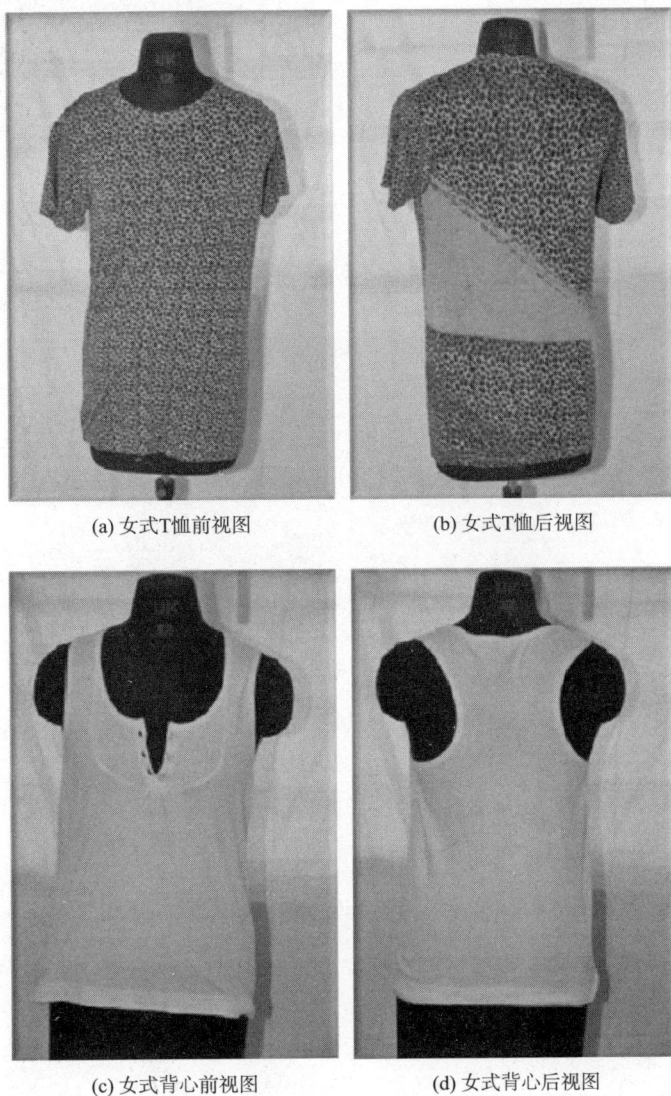

(a) 女式T恤前视图　　　　　　(b) 女式T恤后视图

(c) 女式背心前视图　　　　　　(d) 女式背心后视图

图 1.10　破损或有瑕疵的服装

第二步：识别服装中的瑕疵

①女式 T 恤的瑕疵：印刷错误和开缝（图 1.11）。

②女式背心的瑕疵：粗节（图 1.11）。

第三步：进行创意性设计

(a) 印刷错误

(b) 开缝

(c) 粗节

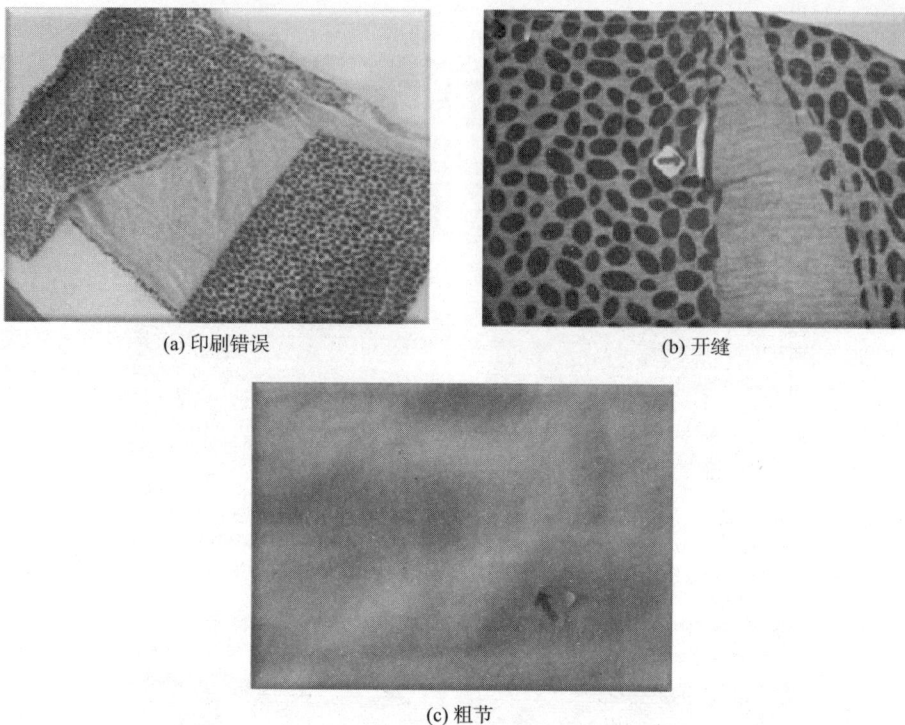

图 1.11　服装中的瑕疵

①从多方面研究中提出升级再造这些消费前废弃物的构思（女式 T 恤）。

②将这些设计构思变成插图或草图的形式。

③分析此设计的最终产品能否替换或改变服装原本的瑕疵。

④绘制原始产品和最终产品的草图。

⑤设计儿童连衣裙。

第四步：评估服装的设计

①从消费前废弃物中选择一件衣服，它必须符合以下要求。

②服装必须能够与最终产品的尺寸相匹配。

③对服装尺寸进行评估，使之足以进行改造及重新构造（考虑放松量、放缝份等）。

④女式 T 恤尺寸：大号。

⑤儿童连衣裙尺码见表 1.2。

第五步：改制服装的制作

①去除两件衣服的损坏区域。移除背心上的粗节以及 T 恤上漏印的部分（图 1.12）。

图 1.12　裁剪后的瑕疵服装

②根据设计构思拼合。

③根据设计对衣服进行塑形，并去除多余的部分（图 1.13）。

图 1.13　按新设计拼合的瑕疵服装

④使用背心多余的零碎布料缝制顶部的毛边区域（图 1.14）。

⑤在连衣裙的下摆处制作褶皱（图 1.15）。

图 1.14　缝制顶部的毛边　　　　　图 1.15　连衣裙下摆褶皱的制作

⑥将 T 恤的顶部与背心的底部连接。

⑦儿童连衣裙即由女式 T 恤与女式背心改制而成（图 1.16）。

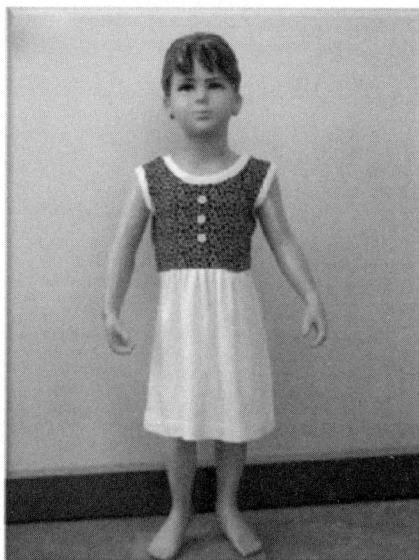

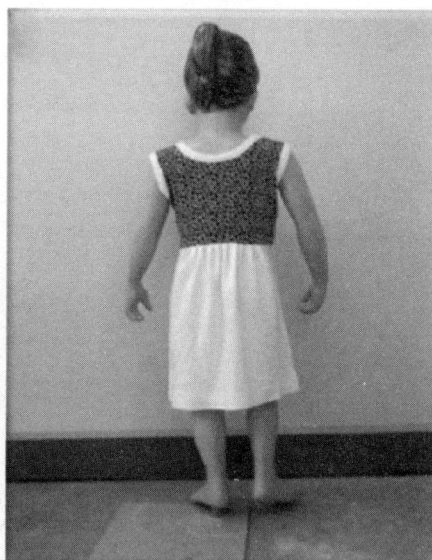

(a) 前视图　　　　　　　　　　　　(b) 后视图

图 1.16　改制后的儿童连衣裙

1.3.4.3　案例3：由 T 恤改制儿童 A 字裙

第一步：选择服装

女式 T 恤（图1.17）。

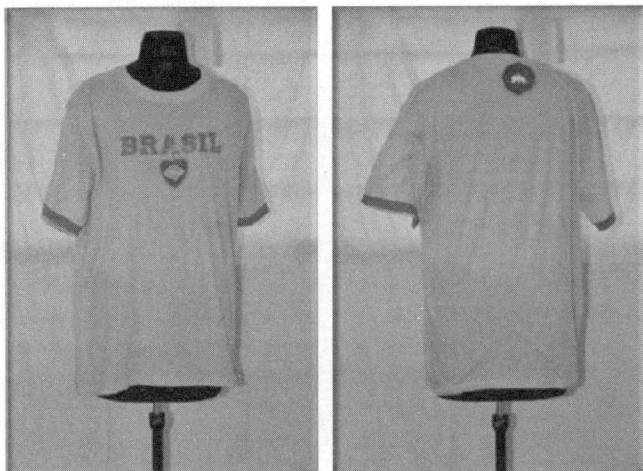

(a) 前视图　　　　　　　　(b) 后视图

图 1.17　破损或有瑕疵的 T 恤

第二步：识别服装中的瑕疵

①未缝制的褶边（图1.18）；

②印刷错误（图1.18）。

(a) 未缝制的褶边　　　　　　　　(b) 印刷错误

图 1.18　服装中的瑕疵

第三步：进行创意性设计

①从各种研究中提出升级再造这些消费前废弃物的构思（女式 T 恤）。

②将这些设计想法变成插图或草图的形式。

③分析此设计的最终产品能否替换或改变服装原本的瑕疵。

④绘制原始产品和最终产品（前后）的草图。

⑤设计儿童 A 字裙。

第四步：评估服装的设计

①从消费前的废弃物中选择一件衣服，它必须符合以下要求。

②服装必须能够与最终产品的尺寸相匹配。

③对服装尺寸进行评估，使之足以进行改造及重新构造（考虑放松量、放缝份等）。

④女式 T 恤尺寸：大号。

⑤儿童连衣裙尺码见表 1.2。

第五步：改制服装的制作

①从 T 恤上剪下一块布料做裙子的主体（图 1.19）。

②从后肩侧剪一块用来做裙子的腰带，并在底部剪去裸露破损的褶边部分（图 1.20）。

图 1.19　裁剪后的瑕疵服装　　　　图 1.20　腰带的制作

③制作裙子的褶边，并将腰带与裙身连接（图 1.21）。

④把裙子底边折起来，并缝合侧缝。

⑤添加必要的装饰。可以用袖子的底部为裙子增加一个花卉设计，并用零碎面料在背后制作一个口袋。

⑥儿童 A 字裙即由损坏的女式 T 恤改制而成（图 1.22 和图 1.23）。

图 1.21　褶皱的制作以及腰带与裙身的连接

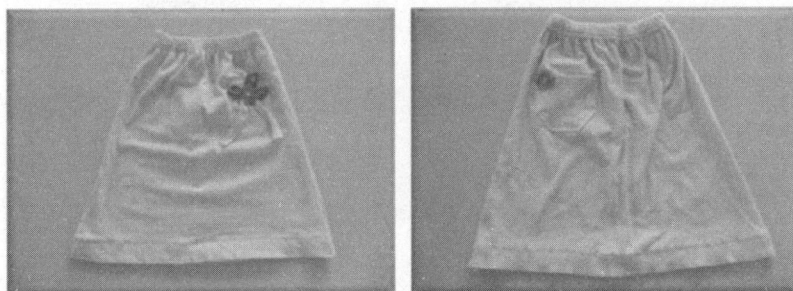

(a) 前视图　　　　　　　　　　　　(b) 后视图

图 1.22　改制后的儿童 A 字裙

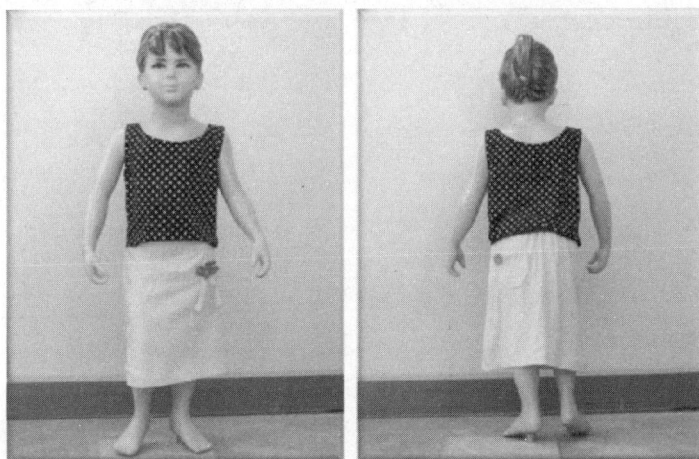

(a) 前视图　　　　　　　　　　　　(b) 后视图

图 1.23　改制儿童 A 字裙的立体效果

1.3.4.4 案例4：由女式睡衣和连衣裙改制儿童连衣裙

第一步：选择服装

①睡衣（图1.24）；

②连衣裙（图1.24）。

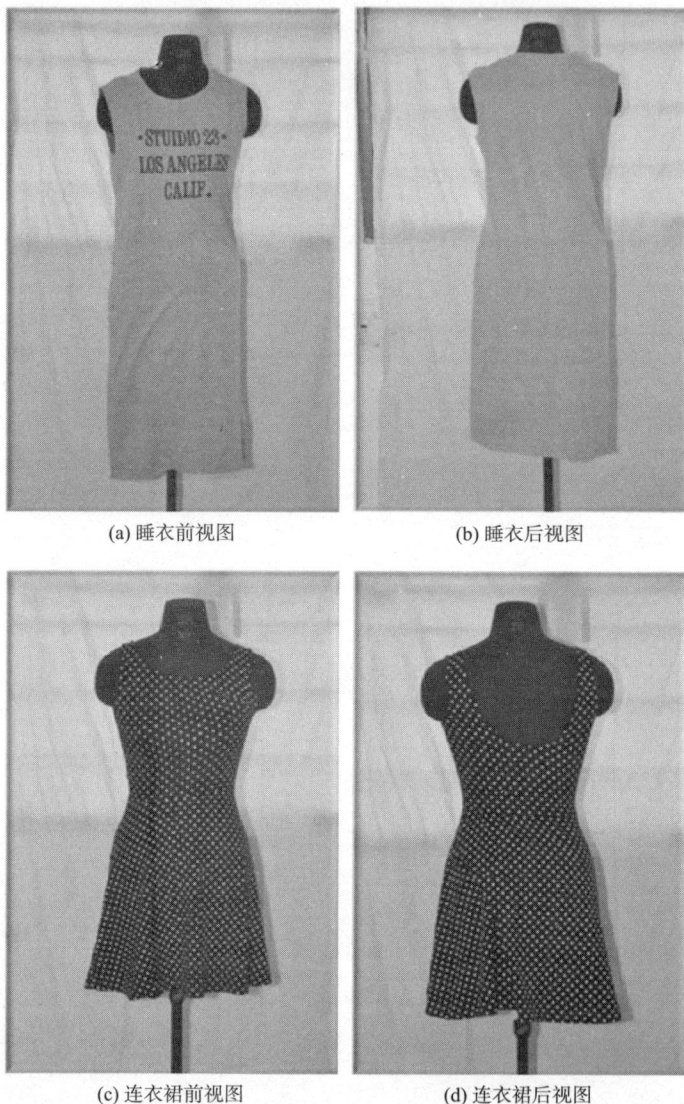

(a) 睡衣前视图　　　　　　　　　　(b) 睡衣后视图

(c) 连衣裙前视图　　　　　　　　　(d) 连衣裙后视图

图1.24　破损或有瑕疵的服装

第二步：识别服装中的瑕疵

①睡衣中的瑕疵：孔洞，不完整的或缺失的操作（图 1.25）。

②连衣裙中的瑕疵：粗节，未缝制的褶边（图 1.25）。

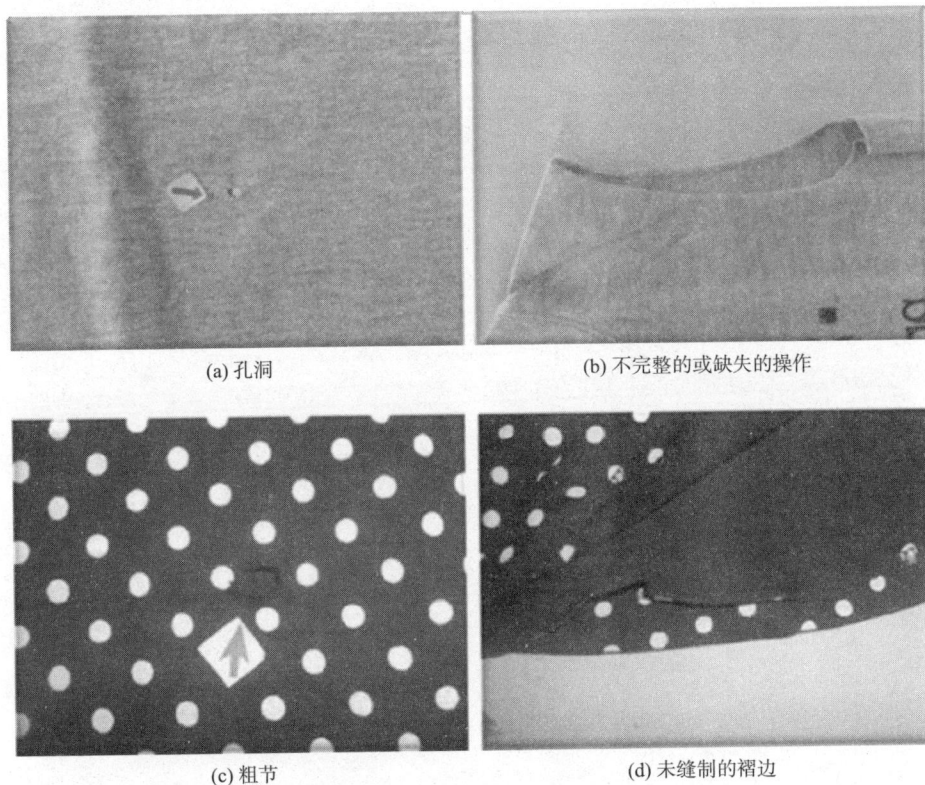

(a) 孔洞　　　　　　　　　　　　　　(b) 不完整的或缺失的操作

(c) 粗节　　　　　　　　　　　　　　(d) 未缝制的褶边

图 1.25　服装中的瑕疵

第三步：进行创意性设计

①从多方面研究中提出升级再造这些消费前废弃物的构思（女式 T 恤）。

②将这些设计构思变成插图或草图的形式。

③分析此设计的最终产品能否替换或改变服装原本的瑕疵。

④绘制原始产品和最终产品的草图。

⑤设计儿童连衣裙。

第四步：评估服装的设计

①从消费前废弃物中选择一件衣服，它必须通过符合以下要求。

②服装必须能够与最终产品的尺寸相匹配。

③对服装尺寸进行评估，使之足以进行改造及重新构造（考虑放松量、放缝份等）。

④女式 T 恤尺寸：大号。

⑤儿童连衣裙尺码见表 1.2。

第五步：改制服装的制作

①去除睡衣中损坏的部分，并从此服装上裁剪出制作儿童连衣裙所需的面料（图 1.26）。

②从剩余的胸部部分剪下一块方形面料，用于制作儿童连衣裙的育克（图 1.27）。

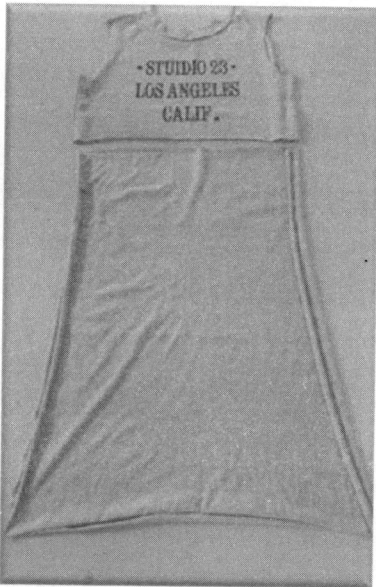
图 1.26 裁剪所需面料

图 1.27 育克的制作

③根据设计构思对衣服进行塑形（图 1.28）。

④将育克部分与连衣裙的衣身相连，并缝底边和侧缝（图 1.29）。

⑤去除连衣裙的破损部分，并将其裁剪成长条状，以制作褶边（图 1.30）。

⑥利用上述瑕疵连衣裙的面料制作褶边，并制作儿童连衣裙的肩带（图 1.31）。

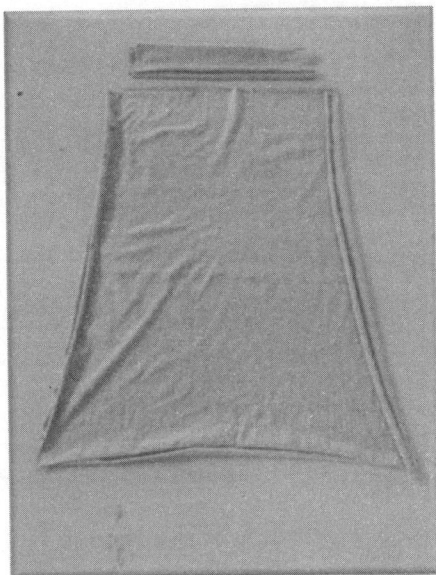

图 1.28　根据设计对衣服进行塑形

图 1.29　将育克与连衣裙的衣身相连，
并缝底边和侧缝

(a)

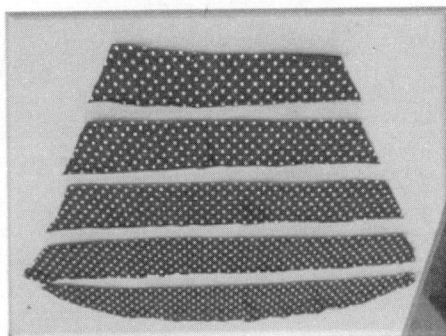

(b)

图 1.30　去除连衣裙的破损部分及褶边的制作

⑦将肩带与儿童连衣裙连接。

⑧将褶边固定在底部，并在育克和膝盖部分进行花型设计（图 1.32 和图 1.33）。

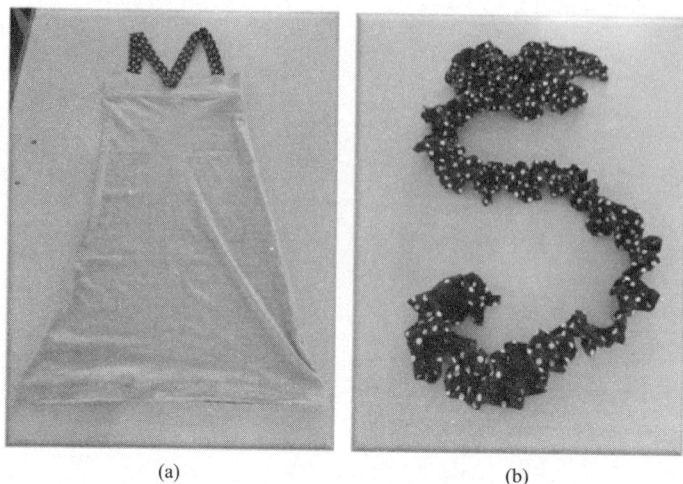

(a)   (b)

图 1.31　肩带和褶边的制作

(a) 前视图   (b) 后视图

图 1.32　儿童连衣裙表面的装饰

1.3.4.5　案例5：由女式 T 恤改制儿童连衣裙

第一步：选择服装

女式 T 恤（图 1.34）。

第二步：识别服装中的瑕疵

孔洞（图 1.35）。

(a) 前视图　　　　　　　　　　　　(b) 后视图

图 1.33　改制后的儿童连衣裙的立体效果

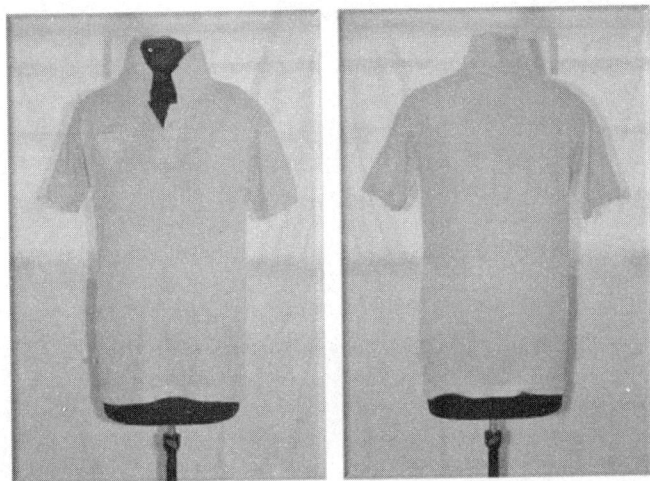

(a) 前视图　　　　　　　　　　　　(b) 后视图

图 1.34　破损或有瑕疵的 T 恤

第三步：进行创意性设计

①从各种研究中提出升级再造这些消费前废弃物的构思（女式 T 恤）。

②将这些设计想法变成插图或草图的形式。

③分析此设计的最终产品能否替换或改变服装原本的瑕疵。

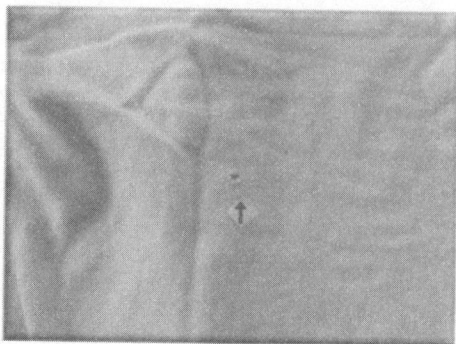

图 1.35　服装中的瑕疵

④绘制原始产品和最终产品的草图。

⑤设计儿童连衣裙。

第四步：评估服装的设计

①从消费前的废弃物中选择一件衣服，它必须符合以下要求。

②服装必须能够与最终产品的尺寸相匹配。

③对服装尺寸进行评估，使之足以进行改造及重新构造（考虑放松量、放缝份等）。

④女式 T 恤尺寸：大号。

⑤儿童尺码见表 1.2。

第五步：改制服装的制作

①将服装铺开，并做好裁剪的记号。

②将颈部连同前襟一起裁剪开（图 1.36）。

③根据设计把服装裁剪成不同的小块（图 1.37）。

图 1.36　裁剪瑕疵服装的领和袖

图 1.37　裁剪后的瑕疵服装

④将颈部与胸部和袖子相连（图 1.38）。

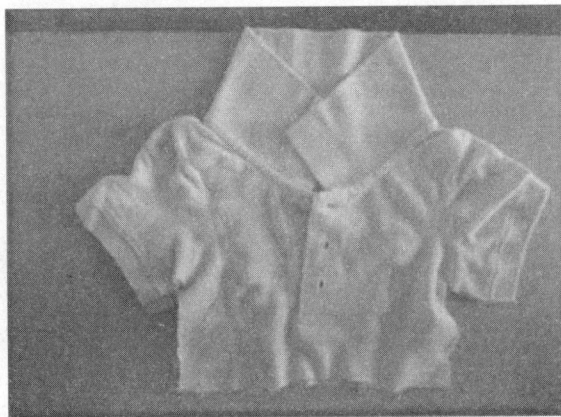

图 1.38　将颈部与胸部和袖子相连

⑤在底部制作褶皱。

⑥将底部褶皱与连衣裙衣身相连。

⑦修剪不必要的线头。

⑧儿童连衣裙即由 T 恤改制而成（图 1.39 和图 1.40）

(a) 前视图　　　　　　　　　(b) 后视图

图 1.39　改制的儿童连衣裙

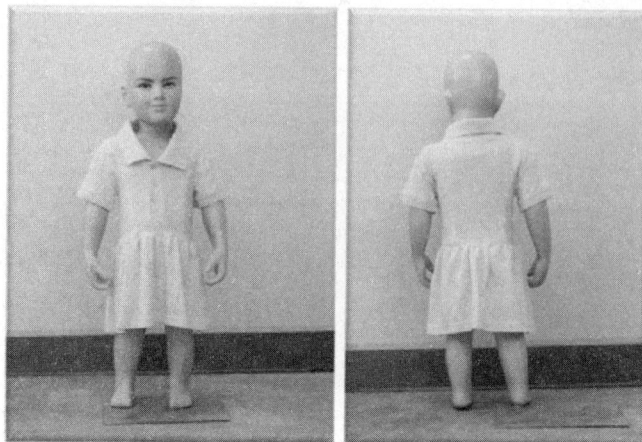

(a) 前视图　　　　　　　　(b) 后视图

图 1.40　改制儿童连衣裙的立体效果

1.3.4.6　案例 6：由女式 T 恤改制为儿童吊带裙

第一步：选择服装

女式 T 恤（图 1.41）。

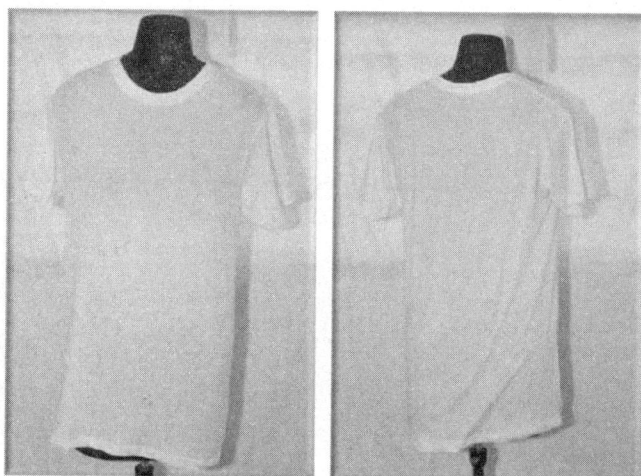

(a) 前视图　　　　　　　　(b) 后视图

图 1.41　破损或有瑕疵的 T 恤

第二步：识别服装中的瑕疵

①孔洞；

②污渍。

第三步：进行创意性设计

①从各种研究中提出升级再造这些消费前废弃物的构思（女式 T 恤）。

②将这些设计想法变成插图或草图的形式。

③分析此设计的最终产品能否替换或改变服装原本的瑕疵。

④绘制原始产品和最终产品的草图。

⑤设计婴儿连衣裙。

第四步：评估服装的设计

①从消费前的废弃物中选择一件衣服，它必须符合以下要求。

②服装必须能够与最终产品的尺寸相匹配。

③对服装尺寸进行评估，使之足以进行改造及重新构造（考虑放松量、放缝份等）。

④女式 T 恤尺寸：大号。

⑤儿童尺码见表 1.2。

第五步：改制服装的制作

①从 T 恤上剪下不需要的部分（去掉胸和袖子部分）（图 1.42）。

②从裁下的废布中裁出一块布料，用来做连衣裙的肩带（图 1.43）。

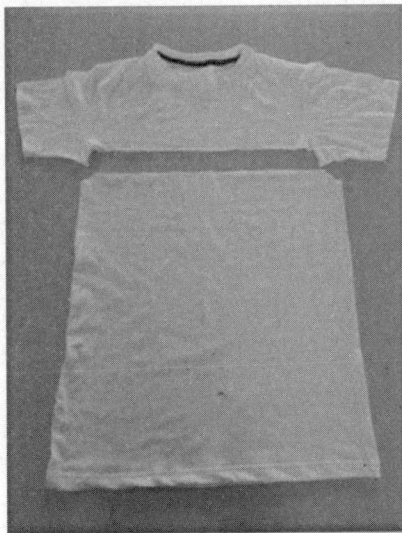

图 1.42　去除瑕疵服装中不需要的部分　　图 1.43　连衣裙肩带的制作

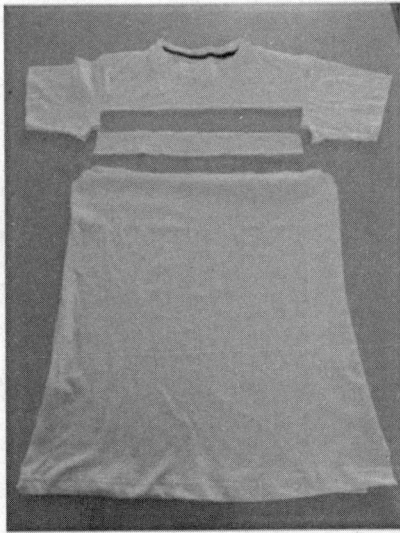

③去除 T 恤上损坏的部分。

④根据设计构思在连衣裙胸部的两侧制作褶皱（图 1.44）。

⑤底部拷边并缝合侧缝（图 1.45）。

图 1.44　胸部褶皱的制作　　　　图 1.45　底部拷边并缝合侧缝

⑥将肩带与连衣裙连接。

⑦儿童吊带连衣裙即由 T 恤改制而成（图 1.46）。

(a) 前视图　　　　　　　　(b) 后视图

图 1.46　改制的儿童吊带裙

⑧增加一些必要的装饰（图 1.47）。

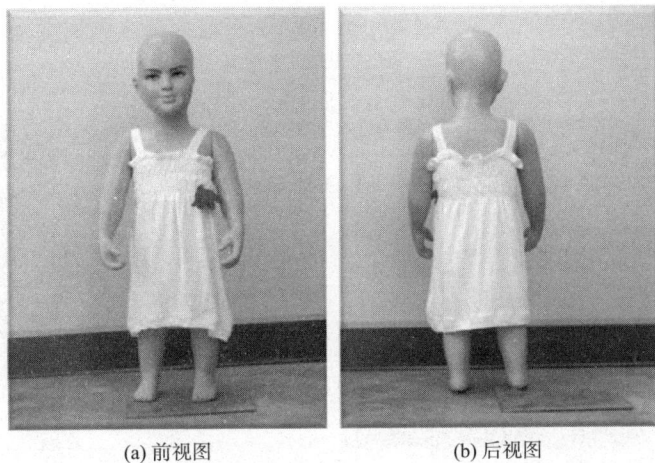

(a) 前视图　　　　　　　(b) 后视图

图 1.47　改制儿童吊带裙的立体效果

1.3.4.7　案例 7：由 T 恤改制儿童斜肩连衣裙

第一步：选择服装

女式 T 恤（图 1.48）。

(a) 前视图　　　　　　　(b) 后视图

图 1.48　破损或有瑕疵的 T 恤

第二步：识别服装中的瑕疵

①印刷错误（图1.49）；

②开缝（图1.49）。

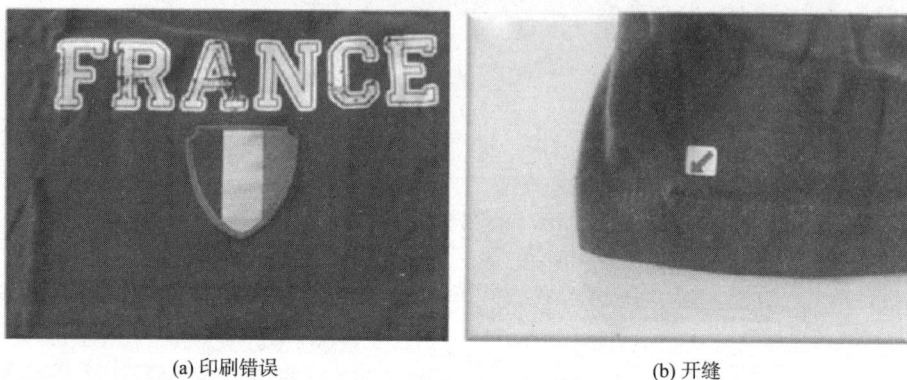

(a) 印刷错误　　　　　　　　　　　　　(b) 开缝

图1.49　服装中的瑕疵

第三步：进行创意性设计

①从各种研究中提出升级回收这些消费前废弃物的构思（女式T恤）。

②将这些设计构思变成插图或草图的形式。

③分析此设计的最终产品能否替换或改变服装原本的瑕疵。

④绘制原始产品和最终产品（前后）的草图。

⑤设计单袖的儿童花式连衣裙。

第四步：评估服装的设计

①从消费前废弃物中选择一件衣服，它必须符合以下要求。

②服装必须能够与最终产品的尺寸相匹配。

③对服装尺寸进行评估，使之足以进行改造及重新构造（考虑放松量、放缝份等）。

④女式T恤尺寸：大号。

⑤儿童尺码见表1.2。

第五步：改制服装的制作

①将服装铺开，并做好裁剪的记号。

②根据设计构思裁剪服装（图1.50）。

③将所有布块进行匹配以进行视觉验证（图 1.51）。

图 1.50　根据设计裁剪服装

图 1.51　匹配所有布片并进行视觉验证

④用包边法包裹住领口的毛边（图 1.52）。

⑤将 T 恤的两个袖子缝合成一个袖片，并将其连接到衣身部分（图 1.53）。

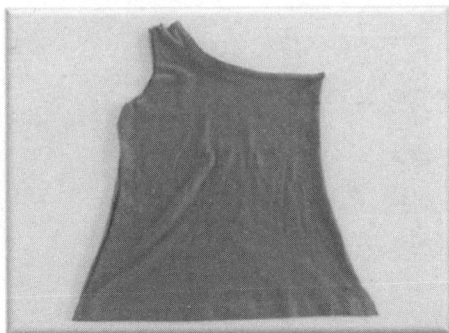

图 1.52　包裹毛边

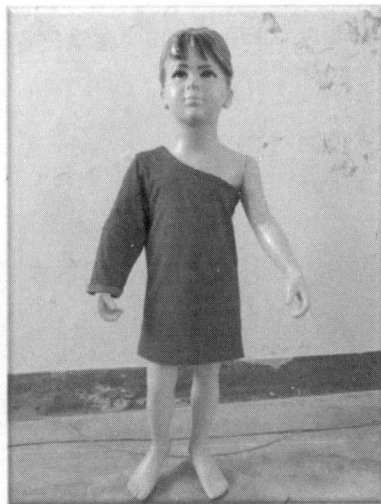

图 1.53　连接袖子与衣身

⑥用废弃的布料制作连衣裙的肩带。

⑦儿童斜肩连衣裙即由 T 恤改制而成（图 1.54）。

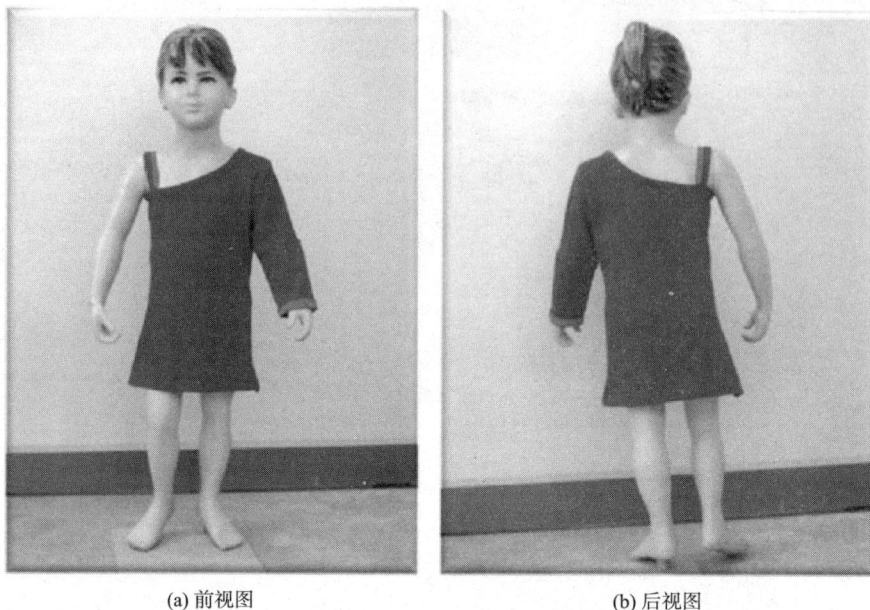

(a) 前视图　　　　　　　　　(b) 后视图

图 1.54　改制后的儿童斜肩连衣裙

1.3.4.8　案例 8：由 T 恤改制儿童 T 恤

第一步：选择服装

女式 T 恤（图 1.55）。

(a) 前视图　　　　　　　　　(b) 后视图

图 1.55　破损或有瑕疵的 T 恤

第二步：识别服装中的瑕疵

油渍（图 1.56）。

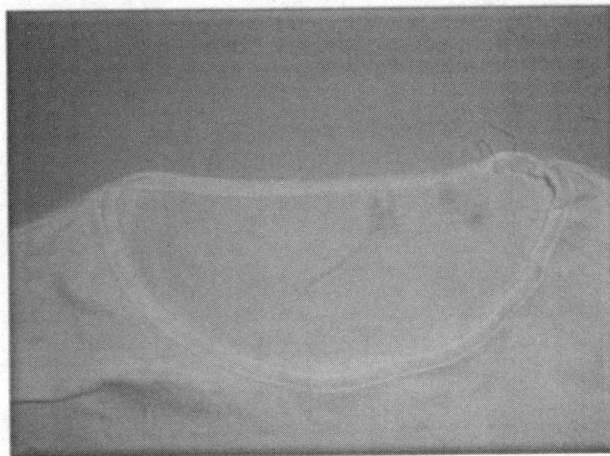

图 1.56　服装中的瑕疵

第三步：进行创意性设计

①从各种研究中提出升级回收这些消费前废弃物的构思（女式 T 恤）。

②将这些设计构思变成插图或草图的形式。

③分析此设计的最终产品能否替换或改变服装原本的瑕疵。

④绘制原始产品和最终产品的草图。

⑤设计船型领的儿童 T 恤。

第四步：评估服装的设计

①从消费前废弃物中选择一件服装，它必须符合以下要求。

②服装必须能够与最终产品的尺寸相匹配。

③对服装尺寸进行评估，使之足以进行改造及重新构造（考虑放松量、放缝份等）。

④女式 T 恤尺寸：中号。

⑤儿童尺码见表 1.2。

第五步：改制服装的制作

①去除服装（颈部）的损坏部分。

②根据最终成品解构服装（图1.57）。

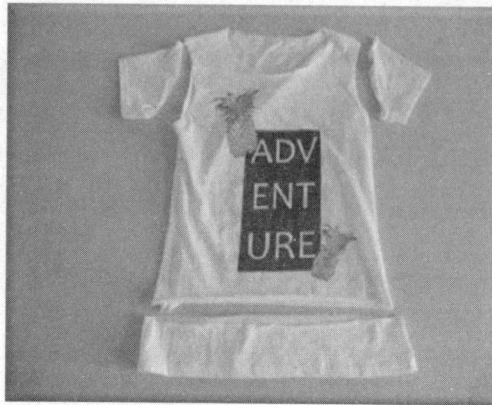

图1.57　服装解构

③为解构的服装重新塑形。

④缭袖并缝合侧缝。

⑤用剩下的废弃布料制作儿童T恤的领子。

⑥儿童T恤即由女式T恤改制而成（图1.58和图1.59）。

　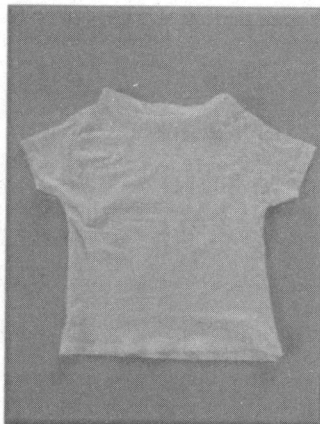

(a) 前视图　　　　　　　　(b) 后视图

图1.58　改制后的儿童T恤

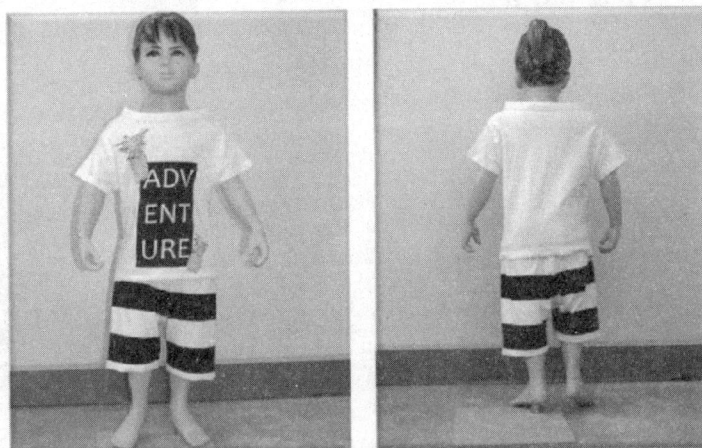

(a) 前视图　　　　　　　　　(b) 后视图

图 1.59　改制儿童 T 恤的立体效果

1.3.4.9　案例 9：由女式 T 恤改制儿童短裙

第一步：选择服装

女式 T 恤（图 1.60）。

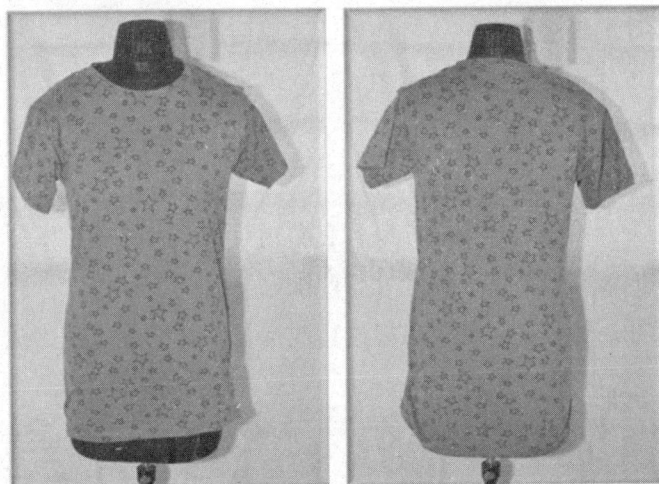

(a) 前视图　　　　　　　　　(b) 后视图

图 1.60　破损或有瑕疵的 T 恤

第二步：识别服装中的瑕疵

①开缝（图 1.61）；

②错位（图 1.61）。

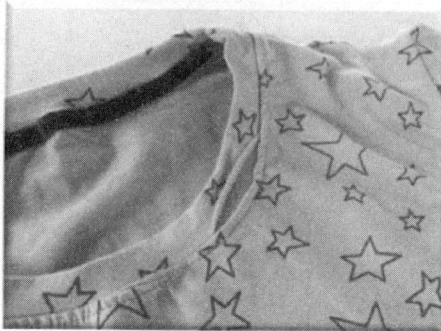 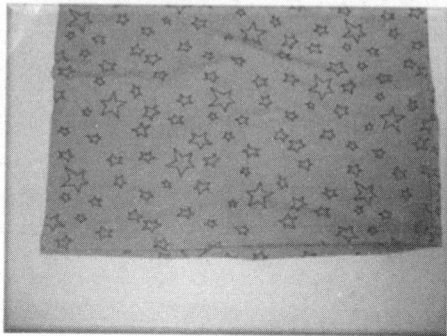

(a) 开缝   (b) 错位

图 1.61　服装中的瑕疵

第三步：进行创意性设计

①从各种研究中提出升级回收这些消费前废弃物的构思（女式 T 恤）。

②将这些设计构思变成插图或草图的形式。

③分析此设计的最终产品能否替换或改变服装原本的瑕疵。

④绘制原始产品和最终产品的草图。

⑤设计带领的儿童短裙。

第四步：评估服装的设计

①从消费前废弃物中选择一件衣服，它必须符合以下要求。

②服装必须能够与最终产品的尺寸相匹配。

③对服装尺寸进行评估，使之足以进行改造及重新构造（考虑放松量、放缝份等）。

④女式 T 恤尺寸：中号。

⑤儿童尺码见表 1.2。

第五步：改制服装的制作

①解构损坏的服装（图 1.62）。

②根据最终成品对服装进行塑形（图 1.63）。

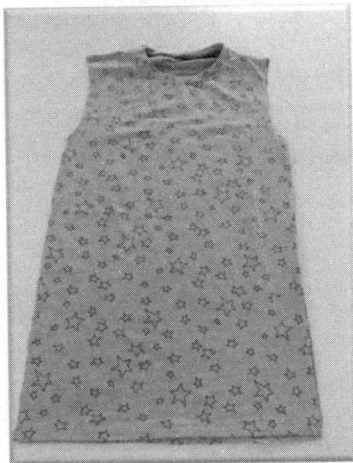

图 1.62　根据新设计做标记后的瑕疵服装

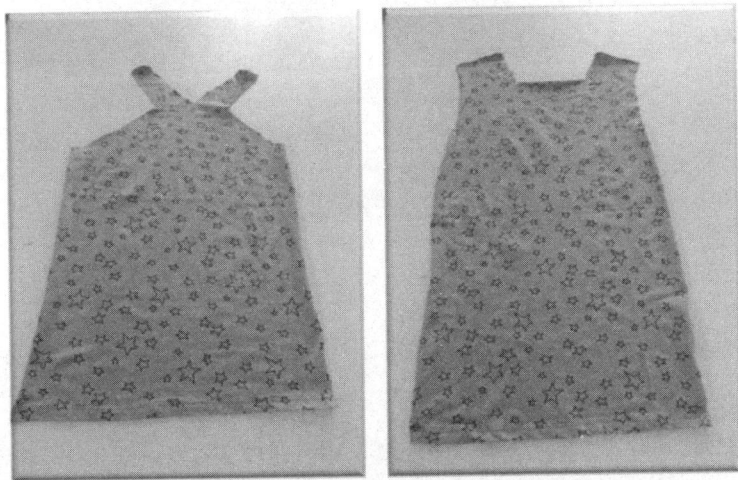

图 1.63　根据新设计塑形后的瑕疵服装

③用包边法包裹毛边。

④缝侧缝。

⑤将花边连接到衣领前后两侧（图 1.64）。

⑥儿童短裙即由女式 T 恤改制而成（图 1.65）。

图 1.64　花边

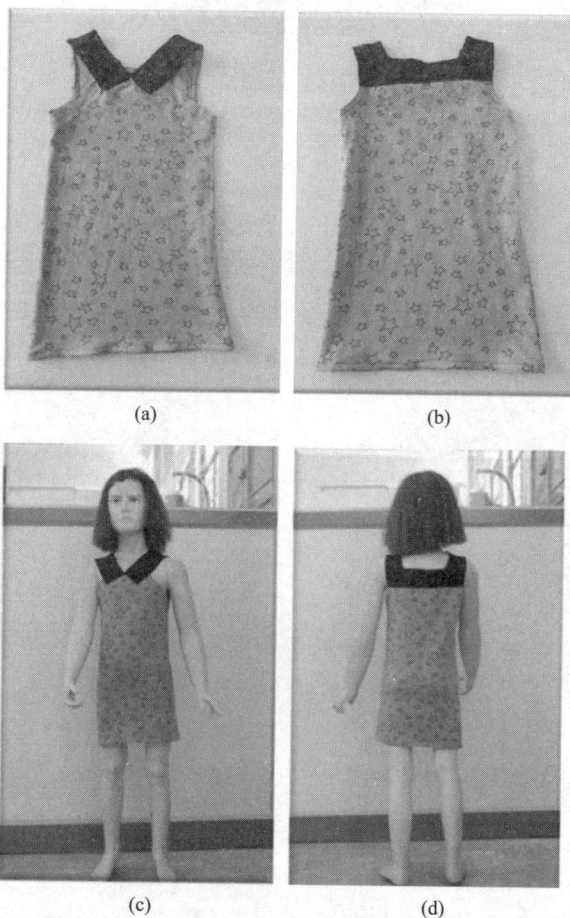

(a)　　　　　　　(b)

(c)　　　　　　　(d)

图 1.65　改制后的儿童短裙

1.3.4.10　案例 10：由男式 T 恤改制儿童长裤

第一步：选择服装

男式 T 恤（图 1.66）。

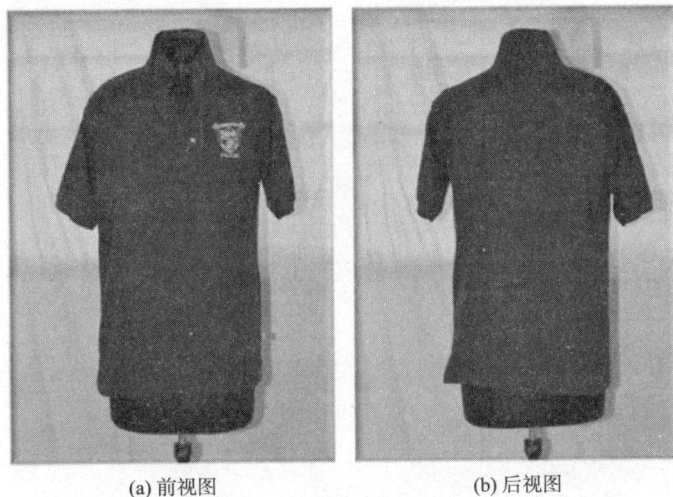

(a) 前视图　　　　　　　(b) 后视图

图 1.66　破损或有瑕疵的 T 恤

第二步：识别服装中的瑕疵

孔洞（图 1.67）。

图 1.67　服装中的瑕疵

第三步：进行创意性设计

①从各种研究中提出升级回收这些消费前废弃物的构思（男式 T 恤）。

②将这些设计构思变成插图或草图的形式。

③分析此设计的最终产品能否替换或改变服装原本的瑕疵。

④绘制原始产品和最终产品的草图。

⑤设计儿童长裤。

第四步：评估服装的设计

①从消费前的废弃物中选择一件衣服，它必须符合以下要求。

②服装必须能够与最终产品的尺寸相匹配。

③对服装尺寸进行评估，使之足以进行改造及重新构造（考虑放松量、放缝份等）。

④男式 T 恤尺寸：中号。

⑤儿童长裤尺码见表 1.2。

第五步：改制服装的制作

①解构 T 恤（图 1.68）。

②利用 T 恤袖子的罗纹部分制作裤脚（图 1.69）。

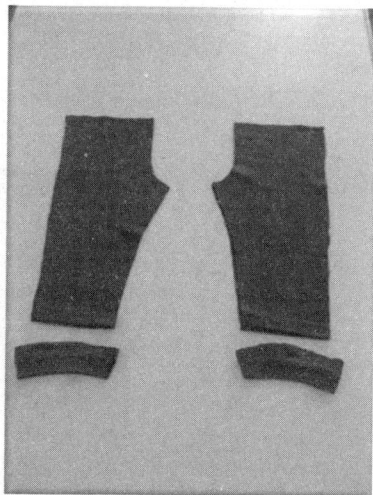

图 1.68　按新设计裁剪后的瑕疵服装　　图 1.69　利用袖子的罗纹部分制作裤脚

③连接前后衣片的裆部（图 1.70）。

④缝侧缝（图 1.71）。

⑤缝制裤子的内缝。

⑥将口袋缝在裤子的后面（图 1.72 和图 1.73）。

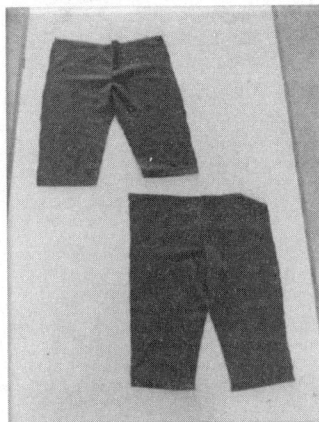
图 1.70　连接前后衣片

图 1.71　缝侧缝

图 1.72　缝制口袋

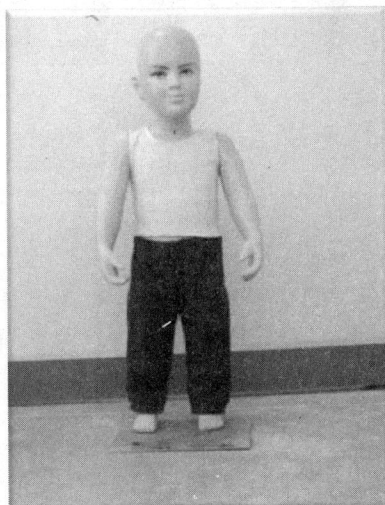
(a) 前视图

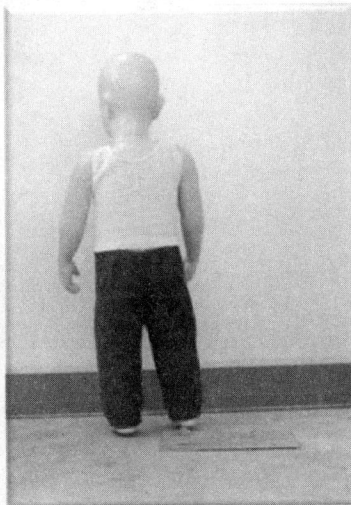
(b) 后视图

图 1.73　改制后的儿童长裤

1.3.5 改制服装的顾客反馈

笔者对改制的服装进行了主观评估，用来了解客户的反馈。由于消费者是婴幼儿，所以由婴幼儿的父母对这些服装给出反馈。评估采用 5 分制李克特量表对所有服装的外观、成本公信力和优选性进行评价，评价值分别为非常好（5）、好（4）、一般（3）、满意（2）和差（1）。图 1.74 展示了人们对改制服装的反馈（服装标记为 GETSUP001～GETSUP010）。

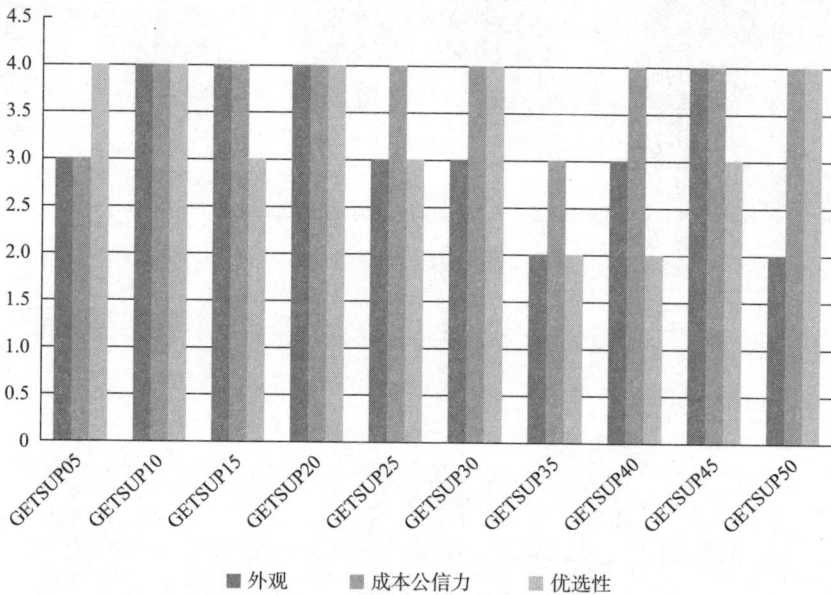

图 1.74 顾客对改制服装的反馈

从图 1.74 中可以明显看出，客户对产品的成本公信力、外观和优选性都很满意。

1.4 结论

本章成功地提出了一个将服装废弃物改制的框架。4R 概念的一个重要方面是改制后服装的再购买。消费者在外观、成本公信力和优选性方面，对改制后的服装都表现出积极的回应。根据上述调查发现，改制服装是一个需要尽早开发的新市场，以使世界真正实现可持续发展。然而，改制过程中仍面临许多挑战，包括与升级产品内在的负面关联、大量的手工工作和纺织废弃物的处理系统等。

参考文献

Brooks,J.（1979）. A friendly product. New Yorker,55（39）58–94.（November 12）.

Fernie,J. ,& Azuma,N.（2004）. The changing nature of Japanese fashion：Can quick response improve supply chain efficiency? European Journal of Marketing,38（7）,749–769.

Hoffman,W.（2007）. Logistics get trendy. Traffic World,271（5）,15.

Scheirs,J.（1998）. Polymer recycling,science,technology and applications,New York：Wiley.

The Economist.（2005）. The future of fast fashion：Inditex. The Economist,375（8431）,63.

UNEP.（2011）. Annual Report,2011 through http：//www. unep. org/annualreport/2012.

United Nations.（1987）. Report of the World Commission on Environment and Development Our Common Future through http：//www. un–documents. net/wced–ocf. htm.

Wang,Y.（2006）. Recycling in textiles. Cambridge,UK：Woodhead Publishing.

第2章 纺织品及服装原料的回收和再利用

摘要：随着纺织、服装、时尚和零售业向着更加可持续的方向发展，人们对新产品开发和生产过程中使用的再生纤维、纱线、织物和产品这一领域越来越感兴趣。人们必须在设计和产品开发过程中就开始使用再生材料，并且需要贯穿整个制造过程。在回收收集、处理加工以及在新产品使用中有几个公认的阶段。纺织服装产品中使用的回收材料可以通过整个纺织服装供应链和消费后的回收方法获得。回收原材料后的使用与全球工业向循环经济（与线性经济相比）相一致，并致力于实现闭环生产周期。本章回顾了纺织和服装行业影响废弃物产生和使用的因素以及目前在使用的回收过程。这里列出了一些选定的品牌，这些品牌设计有回收计划和产品。

关键词：循环经济；闭环；再生纤维；产品成分；废弃物；回收利用；消费后

2.1 纺织和服装生产对环境的影响

自工业革命以来，纺织生产通过纺纱机、动力织机和轧棉机等相关技术的发展和商业化而变得机械化，生产大量纱线和织物的能力不断增强。纱线和织物生产从家庭和小型企业转移到大型工业化工厂。在19世纪中后期，随着缝纫机的发明并获得专利，缝纫过程也开始变得机械化。1842～1885年，美国为缝纫机及其配件颁发了7300多项专利（Burns et al.，2011）。19世纪末引进的其他先进设备，如电动切割刀和冲压设备，促进了工业的发展，并支持了工厂系统的发展。尽管男装是第一个进入成衣市场的细分市场，但包括儿童服装和女装在内的其他细分市场很快也开始跟进。女性的服装风格也随着分体式和衬衫式的采用而改变，这有利于成衣市场的发展。

除了纺织和服装制造业的技术发展以外，在20世纪上半叶，可作为纺织纤维使用的再生和合成聚合物的开发也增大了原料的供应。人造纤维的产量迅速增加，到 20 世纪 80 年代，这些纤维的消费量已超过天然纤维的消费量。这些进步使得纺织品和服装的生产和供应量急剧增加。世界各地的发达国家从生产性消费者转向支持线性经济增长的消费型社会。

纺织和服装生产对环境的直接影响包括：生产纺织品原材料的使用、在制造过程中产生的污染和固体废弃物以及废弃纺织品和服装的处理。2013 年，全球纤维和纱线消费量从 2011 年的 8200 万吨增加到 9010 万吨。2011 年，为了生产纤维，需要花费 1.45 亿吨煤和数万亿升水（McGregor，2015a；Aizenshtein，2009）。据美国国家环境保护局估计，纺织废弃物占所有垃圾填埋场面积的近 5%，美国公民平均每年丢弃 31.75kg（约 70 磅）的衣服。据估计，纺织品回收行业回收了约 38 亿磅消费后的纺织废弃物，约占总数的 15%（美国国家棉花协会 2016 年数据）。

美国与世界其他地区几乎没有什么不同，因为这些寿命短的产品比耐用的产品要更快地进入垃圾填埋场或焚化炉。2012 年，仅在美国，合成纤维的焚化就产生了 1.1MMT（百万吨）CO_2-e（二氧化碳当量）的排放，而垃圾填埋场的纺织品当年产生了 8.5MMT 的 CO_2-e（Patagonia，2016a）。世界各地的组织，包括主要的服装品牌，已经认识到纺织和服装行业对环境的影响，如以下声明：

如果您想保护资源，就不可能拥有无限的、不受束缚的增长以及快速的消费与生产方式——格温·坎宁安，循环纺织计划（McGregor，2015a）。

时尚产业过于依赖自然资源，我们必须改变时尚的制造方式。服装是一种必需品，然而时尚产业需要耗费大量的自然资源，其中许多资源可以减少、回收、替代或淘汰——塞西利亚·布莱恩斯坦（McGregor，2015a）。

2016 年 1 月，在美国纺织世界 331 家参展商中，有 29 家公司提供环保材料或使用环保工艺的产品（McGregor，2016c）。预计越来越多的公司将开始在未来的展览中采用市场可持续产品和实践。

纺织品和服装的概念非常广泛，它涵盖从为了保护而穿着到自我表达，家用纺织品包括亚麻布和室内装潢、土工织物、建筑材料和汽车部件等。不仅每个人在日常生活中都在使用纺织品，而且在 2011 年，纺织品和服装制造行业在全球范围内雇用了超过 10 亿人（Hayes，2011）。纺织与服装行业从线性经济向循环经济，再到闭环制造过程的转变，体现在从运动服、基本款（袜子、T 恤）、服装产品到高性能运动服的所有产品类别中。耐克公司表示，"我们设想从线性商业模式向循环商业模式过渡，并建立一个需要闭环产品的世界——我们采用更好的材料去做设计，用更少的资源去制造，组装成易于在新产品中重复使用的产品"（Nike，2016c）。这与全球其他行业正在发生的类似转型变化是一致的，而且似乎正在改变消费者的行为和态度。

2.2 纺织服装行业的循环经济

包括纺织和服装行业在内的许多行业都在向循环经济发展，摆脱传统的线性经济。从历史上看，纺织和服装行业就是后者的典范。线性经济模型可由"获取、制造、处置""制造、使用、处置"或"越多越好"等概念表示。这种经济依赖于大量低成本、易获得的材料。通过创建一个不同的系统转向循环经济，可以降低线性经济的影响。众所周知，循环经济是可恢复性的，"减少、再利用、再循环""制造、翻新""使用、再利用""为适合新用途重新改造"等概念正好代表了这一体系。循环经济的目标是始终都能最大限度地利用产品、零部件和材料。资源在技术周期中回收和恢复通常需要人为干预。回收的材料会被重复使用很多次，并重新创造出有价值的产品（Ellen MacArthur Foundation，2012）。

2.2.1 开环回收和闭环回收

回收的两个主要阶段是回收和再处理。要创建一个闭环系统，必须添加创建一个新的、可回收产品的额外阶段。关于纺织与服装行业，回收过程贯穿整个供应链的各个环节，并且有一些公众也可参与其中的项目。废弃物也可以从纺织与服装行业以外的来源收集，进行再加工并用于服装和纺织的最终产品。对收集到的材料进行再加工是决定其是否有助于开环或闭环系统的关键。在开环系统中，材料不会被无限循环利用，最终会被排除在利用循环之外，并被转移到垃圾填埋场。将材料排除在循环之外有很多原因，其中两个常见原因：一是，原材料的降级导致质量下降；二是，原材料掺入不可回收的产品中。总体来说，开环回收延缓了废弃物的产生，但并不能最终阻止产品变成废弃物。更可持续的策略实际是闭环回收。材料的回收是无限期的，并且不会降级退化。这种将使用过的产品转换回原材料的过程支持反复地制造相同的产品。可生物降解产品也是闭环回收系统的一部分。这也被称为"摇篮到摇篮"（Payne，2015）。Payne（2015）对纺织服装产品的开环回收和

闭环回收进行了全面的概述，其中包括开环回收和闭环回收系统的示意图（图 2.1
和图 2.2）。

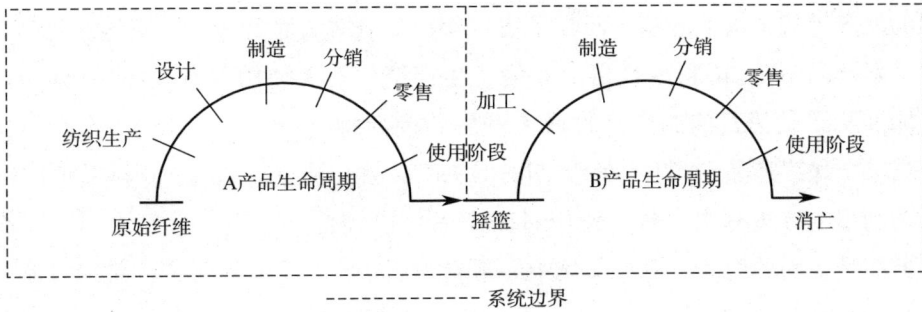

图 2.1　开环回收（2015）

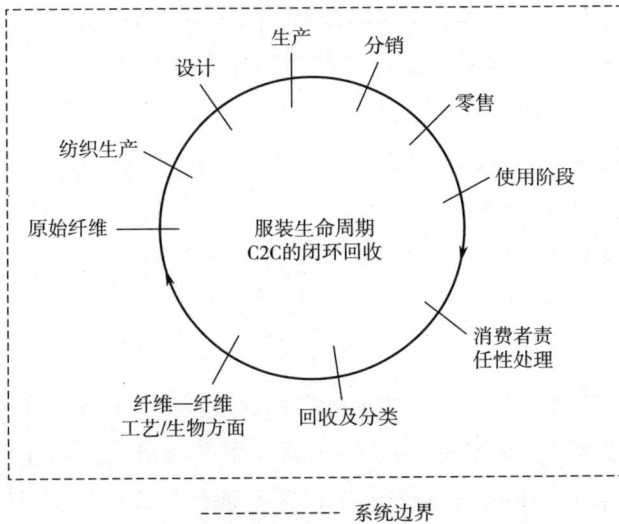

图 2.2　"摇篮到摇篮"的闭环回收（2015）

　　许多纺织和服装公司正在努力实现闭环回收。某些服装品牌，由于其许多产品
属于高性能类别，因此他们担心经回收再生产的织物的耐久性会下降。他们从回收
的聚酯纤维中已经开发出了超出预期性能的高品质织物。但是他们也发现，再生锦
纶耐用性较差，更难获得必要的数量。

2.2.2 原材料的回收和再利用

原材料的回收和再利用对于纺织和服装行业而言并不陌生。Payne 对回收和再利用的概念进行了以下区分：回收是指"将产品分解为原材料，以便将原材料回收并用于新产品中"。再利用是指"在同一生产链中再次使用现有产品"。纺织品回收可能涉及回收消费前的废弃物或消费后的废弃物（Payne，2015）。几个世纪以来，当某个最终产品走到其生命周期的尽头时，就会被重新利用，用做其他用途。

再利用的方法有很多种。使用过的产品可以经拆卸，然后重新组装成一个新的、可能是不同的产品。流行文化中经常看到重新改变用途的例子，包括《乱世佳人》（*Gone with the Wind*）中的一个场景，玛米把绿色天鹅绒窗帘拆了下来，然后将它们改制成斯嘉丽的礼服（Mitchell，1936）。

纵观历史，当服装不再有用、一旦过时或不再流行时，人们通常会对其进行重新制作以适合其他人，或者重新设计以创造出更时尚的服装。羊毛的回收利用已有数百年的历史。在衣服（如羊毛衫）穿破后，将其收集起来并切成单根纤维，然后制成毯子。如今，将衣物捐赠给慈善机构转售或在首次使用完毕后扔进垃圾桶的现象十分普遍。在某些情况下，不再作为原始产品使用的物品常被用于其他用途，如抹布或填充物。霍利（Hawley）对废弃服装的多种再利用方式进行了广泛的回顾。在其作品中包含的消费后纺织品的多种选择有一个详细的示意图（Hawley，2015）。

回收是将产品分解成原材料的过程。几个世纪以来，纺织品（服装和织物）被分解到纱线阶段，纱线被用于生产不同的针织或机织织物。在某些情况下，纱线会进一步分解至纤维阶段，然后将纤维重新纺制成纱线，以用于新的纺织品。这在 20 世纪中叶以前是很普遍的。1939 年，美国联邦贸易委员会颁布了《羊毛产品标签法》，该法案要求精确地标记羊毛产品，以区分那些从未机织或毡制成羊毛产品的"羊毛"，和所用的纤维已经被纺织、机织、针织或者毡制成羊毛产品过的"再生羊毛"（Federal Trade Commission，2016）。

自从 19 世纪末，人造纤维和合成纤维的引入，消费后产品的分解和再利用织物、纱线或纤维的做法因为以下原因而减少了。

第一，随着可用原材料的增加，产品大多被丢弃，而不是重复使用或回收。

第二，随着天然纤维和人造纤维的混纺以及混纺产品的日益普及，很难按普通的方法去分离纤维。

第三，由于每种纤维类型所需的工艺和性能参数不同，分离技术在回收过程中至关重要。

第四，与回收过程有关的行业面临的挑战是按化学类别分离纤维。

第五，在整个供应链中，有许多流程可以收集未受污染的废弃物（纯通用纤维含量）。

第六，目前正在开发实现纤维分离的技术。

如今，混合纤维和/或受污染的废弃物通常通过焚烧用作燃料。但是，在回收混合纤维材料的收集、分离和使用技术方面有希望取得更大突破。

通常，纺织废弃物是按照在供应链中的哪一步被回收而分类的。这些废弃物包括：消费前的废弃物、工业后的纺织品废弃物以及消费后的纺织废弃物。文献中还确定了四级回收方法：第一级是指收集过程，第二、第三和第四级的重点是废弃物的处理。

（1）一级回收——回收工业废弃物；

（2）二级回收——将消费后的产品加工转化为原材料；

（3）三级回收——将塑料废弃物转化为称为燃料的基本化学单体；

（4）四级回收——将焚烧废弃物作为回收嵌入能量的一种方式（Vadicherla et al.，2014）。

由原始制造商产生的废弃物，如果从未到达消费者手中，则归类为消费前的废弃物。工业后的纺织品废弃物在制造过程中产生。综合来讲，服装生产中使用的面料中约有15%在该过程中被裁剪、丢弃和浪费，这就造成工业后的废弃物（Beitch，2015）。

消费后的纺织品废弃物是指来自消费者的废弃物。在供应链的这一点上，收集回收需要公众的参与，并从消费供应链中回收（Vadicherla et al.，2014）。

虽然在过去的四分之一个世纪里，回收越来越成为我们日常生活中不可缺少的一部分，但纺织和服装行业却迟迟没有采取这种做法。仅在美国，一年就可以产生1430万吨的纺织废弃物。尽管回收利用了230万吨，但是人们的目标是让这个数字不断增加。纺织与服装行业是全球性的行业，是资源密集型的供应链，造成了大量浪费，并对环境造成了严重危害。该行业也是世界上最大有毒环境的生产者之一，影响空气、水和土壤。这对各大品牌及其生产环保产品的努力带来了重大的挑战（Evrnu，2015a，b）。

在纺织工业中，纺织废弃物的回收利用主要是基于热塑性聚合物的纤维，因为它们易于再处理且具有可行性。此外，这些材料在回收利用后能够呈现不同的形式和形状。棉花、羊毛和丝绸等天然纤维也在设法寻找循环回收的方法。文献中提及的大多数纺织废弃物包括：聚酯纤维、聚乙烯、锦纶、对位芳香族聚酰胺、丝绸、聚对苯二甲酸丁二醇酯、竹子、棉花和洋麻（Vadicherla et al.，2014）。

使用回收的热塑性纤维减少了对石油等原料的依赖。它限制了垃圾的排放，从而延长了垃圾填埋场的使用寿命，减少了垃圾焚烧厂的有毒排放物。它有助于促进不再适合穿着的涤纶服装的新的回收流程。

2.2.3　纺织品和服装供应链中的回收和再利用

为了更好地理解以上描述的回收方法和类别，回顾纺织品和服装的供应链尤为重要。为了实现闭环系统，处理后的废弃物必须用于新的可回收产品。废弃物的收集可以发生在整个纺织品和服装供应链的各个环节。纺织、服装和时装是一个复杂的行业，其中包括多种产品类别，涵盖了不同的市场领域。一般来说，时尚和纺织品的生产是制造业中最长、最复杂的产业链之一（Hayes，2011）。

由于原材料和最终产品的多样性，使用的供应链也多种多样。用于时尚、纺织、服装和零售品的一条简化的供应链包括：原材料（纤维和纱线）、面料生产、终端产品制造、零售商和消费者（Kincade et al.，2010）（图2.3）。供应链在特定产品的基础上，扩展到包括最终产品使用的所有物品和内容。

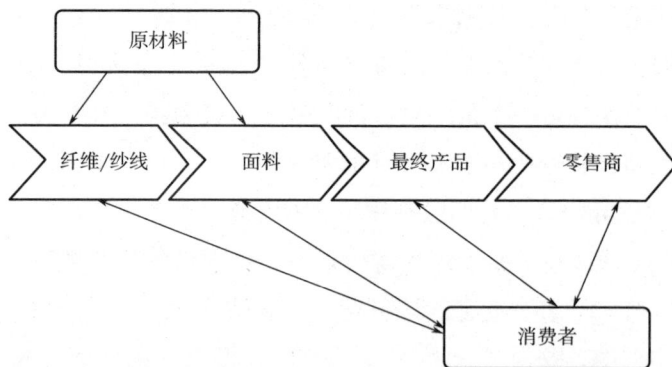

图2.3　纺织品供应链

消费前的废弃物是在整个供应链的第一阶段产生的。在原材料部门（纤维和纱线的生产），轧棉废弃物、开松废弃物、梳棉废弃物、精梳落棉、精梳废弃物、粗纱废弃物、环锭纺废纤维、环锭纺废纱、自由端纺废纤维和自由端纺废纱通常被收集起来进行回收利用。在第二部门（织物的生产）中，废弃针织物、废弃机织物、修整过的布边、劣质不合格的织物以及废纱中的经纱扎带都是被收集并可以回收利用的废弃物。在供应链中的好几个节点都可以找到工业废弃物的例子。当生产缝纫线时，通常会在整个生产过程中收集浪费的缝纫线。美国线业有限公司每月产出约9072kg（20000磅）废弃缝纫线，这些废弃物通过他们的回收项目可实现从垃圾填埋场转移出来（Summers，2016）。在第三部门的最终产品制造（包括裁剪和缝制的操作）中，单个样片和布边之间残留的面料会造成大量的浪费（Payne，2015）。该行业湿法工艺加工的部门也产生了适合回收的废弃物（Vadicherla et al.，2014）。

消费后的废弃物是从公众处回收的，其中包括对所有者不再使用的物品。通常包括捐赠和丢弃的服装及一些塑料制品，如由聚对苯二甲酸乙二醇酯制成的塑料瓶。尼龙也可以回收利用，大量消费后的尼龙废弃物来源于海洋中的渔网。

如前所述，回收的第二个主要步骤是加工。这取决于回收物的化学和物理特性以及对回收产品的需求。物品的化学性质主要是由其纤维决定的。

服装中使用的纤维有很多，家用纺织品的选择是基于多种考虑，包括舒适性、柔韧性、外观、成本以及根据产品所需功能确定的其他性能。选择合适的纤维始于产品开发和整个设计过程。纤维是纺织品的基本组成部分，纺织品的性能是由纤维的化学和物理性质所决定的。纤维根据其生产方式可分为天然纤维和化学纤维。天然纤维通常用于服装和家纺产品中，包括棉花、亚麻、大麻、羊毛和丝绸。化学纤维进一步可分为来源于天然材料（如纤维素和蛋白质）的人造纤维和来源于石油化工的合成纤维。用于纺织品的人造纤维，包括人造丝、竹子和 Lyocell 纤维，合成纤维一般包括涤纶、锦纶、氨纶和聚丙烯酸纤维。

2004 年，全球对聚酯纤维的需求为 2470 万吨，略高于对原棉的需求（Hayes，2011）。棉花占服装产品所用纤维的 35.3%（美国国家棉花协会，2016）。纺织和服装产品中使用的大量棉纤维和聚酯纤维有助于人们对已开发成功的回收项目产生浓厚的兴趣。聚酯纤维回收方法的优势包括：降低石油的高生态成本和社会成本、减少石化污染和生产排放，包括如钴、锰盐、溴化钠、氧化锑和二氧化钛等对环境有害的化学物质（Hayes，2011）。

研究表明，由不同的纺织品和聚合物瓶废弃物制成的再生聚酯纤维、纱线和织物具有与原始聚酯纤维相似的物理性能。

2.3 废弃纺织品的回收和再利用方法

在纺织与服装行业，有许多回收收集和加工处理的案例。由于涤纶和棉纤维的广泛应用，人们对其回收利用产生了较大的试验兴趣，开发最成功的项目就是涤纶和棉纤维。其他纤维也可以回收，尼龙和羊毛也有成功的回收计划。此外，一些公司也开始回收利用芳纶，如 Kevlar（National Spinning，2016）。在回收纺织品的过程中，有两类常用的方法，分别为机械回收和化学回收。

2.3.1 机械回收

经过机械回收过程，可以使织物、纱线和纤维用于新产品中。废弃的纺织品被拆开，服装被分解，织物被切成小块。然后通过旋转滚筒继续分解纤维。这个过程被称为扯松工艺。由此产生的纤维，其长度、细度、强度、聚合物和颜色等特性决定了纤维的质量以及最合适的新产品。通常，从制造业供应链收集的废弃物可生产出比从消费后的废弃物收集的更高质量的再生纤维。消费前的废弃物和工业后处理的废弃物可以重新纺织成纱线，编织成织物，然后用于服装、床单和室内装潢。中档纤维也可用于制作织物，但也可用于抹布和填充物等最终产品。低质量纤维将作为其他结构的加固物（如混凝土）：非织造布、地毯衬垫、鞋垫、汽车隔音隔热材料、玩具填充物和其他最终产品。

塑料，包括塑料瓶和热塑性塑料纤维，通常使用机械方法回收。在这些情况下，塑料废弃物被切成小块熔化，然后挤压成新产品所需的形状。这种熔体可以挤压成细丝、纱线或其他成形产品。原聚酯纤维与再生聚酯纤维之间存在一些差异。这是对塑料水瓶和渔网进行再加工的常用方法。然而，并不是所有回收的热塑性纤维都具有与原生纤维相似的特性。

2.3.2 化学回收

化学回收是纺织工业中用于处理回收废弃物的另一种常用方法。包括聚酯、聚酰胺和聚烯烃等合成纤维可以进行化学回收。这属于三级回收，需要先分解合成纤维进行再聚合。该工艺可用于 PET 塑料水瓶的回收利用。无论是收集用过的涤纶服装、布料碎片、废弃纱线还是其他塑料制品，都须将回收的物品破碎成小块，从而产生碎片。碎片进一步被分解对苯二甲酸二甲酯，然后将其重新聚合并纺制成新的聚酯纤维、长丝和纱线。

由于废弃物中纤维的物理和化学性质不同，混合物的回收尤其具有挑战性。棉和涤纶混纺是最常用于的服装和家纺面料。当材料是混纺时，由于采用了选择性降解方法，化学回收方法已被证明是成功的。在棉和涤纶混纺制品中，纤维化学分离后可转化为新的纤维。目前，正在开发一种利用 N-甲基吗啉-N-氧化物溶解纤维素的方法。通过过滤分离溶解的纤维素，并将捕获的聚酯重新纺成纤维、长丝或纱线。溶解的纤维素可用于生产再生纤维素纤维，如 Lyocell 纤维（McGregor，2015b；Zamani，2011）。

锦纶和氨纶混纺是一种用于高性能运动服装的常见原料。一般来说，锦纶的含量远高于氨纶，锦纶可以回收再利用。众所周知，氨纶可以通过溶解在溶剂（如 N，N-二甲基甲酰胺）中，从混纺织物中除去。然而，这种溶剂价格昂贵，使用过程中会产生环境问题。首先通过加热处理混纺织物以降解氨纶，然后将其暴露在使用乙醇洗涤的过程中，这种方法可以成功去除氨纶残留物，仅留下锦纶（Yin et al.，2013）。

如今，对于单纤维成分的产品，机械方法回收的优势更为突出。化学方法回收的过程需要消耗更多的能源和资本投资，所以这一选择只适用于大型制造商。随着技术的进步，对可回收成分的需求增加，并且随着原材料成本的增加，这些材料可能会从机械回收转向化学回收（Agrawal et al.，2015）。

2.4　纺织及服装行业的回收和再利用案例

在整个纺织及服装行业中，致力于纺织品废弃物回收和再利用的几家公司已经建立了用过的服装和鞋类存放箱，产品经过回收处理后，其材料可以再利用。虽然很少有闭环生产项目，但越来越多的公司将闭环生产作为目标。

此外，还有一些品牌相关的项目，正在推广使用可回收再利用的材料。当公司开始考虑其产品对环境的影响时，后续还需考虑的因素更多，这些因素主要集中在收集、处理和再利用整个供应链产品中的回收内容，包括直接销售给消费者的产品。虽然不是所有的项目都包括在内，但突出了各种供应链部门、产品类别和零售商。使用再生成分的决定必须从产品开发和设计阶段开始，然后通过采购经认证的再生纤维、纱线和/或织物来实施。使用再生材料时面临的挑战包括：额外的加工成本、有限的颜色选择、消费者的接受度、因机械回收导致再生的纤维不均匀（后序会导致生产困难）以及不确定的供应链。

随着纺织及服装行业向着更闭环的制造模式转变，收集和处理废弃物并用于新产品也处于尝试阶段。

在家用纺织品、服装以及许多其他产品类别中，已开始尝试使用再生纤维生产纱线，然后将其用于最终产品。棉花和涤纶是最常见的回收纤维，而其他纤维，如羊毛、锦纶，甚至是芳纶都可以在纱线生产中被回收。有许多纱线制造商已将回收成分纳入其产品。与之相关的许多研究和开发都在工业供应链的这一部门（原材料）中进行。以下重点介绍几家纱线生产商及其回收项目。

2.4.1　Unifi

Repreve®（再生涤纶短纤）是一个再生纤维品牌，由再生聚酯纤维制成，包括消费后塑料瓶和工业后的废弃物。使用消费后的废弃物抵消了使用新资源（即石油）的需要，因此，温室气体的产量有所减少。由 Unifi 公司生产的 Repreve® 用于多种品牌中，包括 Quicksilver、Haggar Clothing、Roxy、Katmandu、Russell、Starter、Adidas 等（Repreve，2016）。通过这一过程，超过 6.3 亿个塑料瓶从垃圾填埋场转移出来用于制造纤维。Repreve® 品牌中有几个项目，包括 Repreve® 纺织品回收项目和 Repreve® 100。2015 年，Repreve® 纺织品回收项目在其合作伙伴 North Face 等公司的帮助下，回收了超过 300 万磅纺织品，并将项目扩展到其他类别，包括服装、汽车、酒店、医疗和家具（Beitch，2015）。Unifi 全球品牌销售和营销副总裁 Jay Hertwig 发表了以下声明："在 Unifi，我们将继续扩大 Repreve® 的生产流程，探索在整个供应链中回收材料的新方法。我们为能为客户提供可持续的解决方案而感到自豪，将他们自己的废弃物回收制成新产品，无论是瓶子还是纺织废弃物。"

2.4.2　Tenjin

Ecocircle® 是一种由回收的聚酯纤维制成的纤维。该工艺是 Tenjin 纤维公司开发的一种纤维—纤维的聚酯纤维回收系统。它是用于聚酯纤维产品的闭环回收系统，使用化学方法回收处理。由 Ecocircle® 生产的面料是具有创新性的，并专为服装市场做开发。2002 年，当闭环回收系统启动时，只有三家公司参与其中。截至 2016 年，共有 150 家公司参与（Tenjin，2016）。

2.4.3　Aquafil

锦纶 6 也可以回收利用，Econyl® 再生系统于 2011 年推出，为无限、创新和可持续的新供应链提供了机会。在此系统中，锦纶 6 聚合物可同时利用消费后的废弃物和消费前的废弃物生产。Aquafil 从 1998 年开始研究这一流程，他们通过增加该项目消费后的废弃物收集站点的比例，继续扩展该流程。大部分消费后的废弃物来自海洋中废弃的渔网和用过的地毯（地毯上的绒毛）。他们继续扩大废弃物收集网络，并在全世界收集可循环利用的材料。目前，他们在美国、埃及、巴基斯坦、泰国、挪威和土耳其都有收集站点。他们的收集策略包括与机构、客户和各种协会建立合作关系，其中包括 Carpet America Recovery Effort。他们与 Levi's、Milliken 和 Speedo 等品牌建立了合作关系，这些品牌在其产品中都使用了这种纱线（Aquafil Global，2016；Econyl®，2016；McGregor，2015c）。

2.4.4　Martex Fiber

Martex Fiber 收集纺织废弃物，为纺织及相关行业提供再生棉纺织品。他们采用 360°循环利用工艺流程，为汽车、床上用品、家具、建筑、非织造布和土工织物等行业提供产品（Martex Reclaimed Fiber，2016）。

Jimtex yarns 是 Martex Fiber 的一个分支，专门生产使用回收棉纤维制成的纺纱线，这种纤维可以在家纺、服装或袜子中找到。他们的 eco2cotton® 生态棉既生态又经济，是从服装制造中的裁剪和缝制操作中获得的工业后的废弃物中产生的。这个过程首先要求将工业后的废弃物按颜色分类，然后再进行分解。再生棉纤维与腈纶或涤纶混纺，可以增强其强度。Jimtex 提供 70%～75% 棉含量的纱线，包括各种颜色、尺寸和厚度（JimTex Yarns，2014）。

2.4.5　Evrnu

Evrnu 是利用消费后的棉质服装废弃物制造出的高质量生物基纤维（Enrvu，

2015a）。收集棉质服装废弃物后，首先将染料和其他污染物清除。然后将棉浆化并分解成纤维分子。这些分子随后被重新组合并挤压成新的纤维。技术人员可以设定新纤维的某些特定性能，包括直径和横截面形状。这些具有特性的产品包括比丝绸更细，比棉花更挺括的长丝（Enrvu，2015b）。

2.4.6　EcoAlf

EcoAlf 是一家成立于 2009 年的服装品牌，其目标是创造环保和可持续的时尚。2015 年的秋天，他们启动了一个项目，通过收集海底垃圾，用海洋里的塑料废弃物加工成用于纺织的纱线。他们将回收的渔网、塑料瓶、轮胎和其他废弃物制成夹克、鞋子和袋子。为了收集这些垃圾，他们与地中海的渔船合作来捕获这些塑料废弃物（Advanced Textiles Source，2013）。

除了在海洋中发现的废弃物，它们还收集其他消费后的废弃物，如咖啡、棉花以及后工业时代的羊毛。EcoAlf 凭借三类服装和配饰的产品线在中高端时尚市场中参与竞争。除了他们自己的零售店，他们的产品还在 300 多个其他网站进行销售，包括 Nordstrom、Barney's、Urban Outfitters、Saks Fifth Avenue、Harrods、Goop 和 Bloomingdales。

2.4.7　Timberland

据报道，2012 年，Cambrelle® 鞋衬的生产商 Camtex Fabrics 推出了具有可回收成分的织物。这是应 Timberland 的要求购买的，用于其 Earthkeeper 系列鞋子、靴子和衣服等产品。当时的目标是开发一种至少含有 50% 可回收成分的材料。产品为聚酯纤维，回收的成分来自回收瓶（Camtex Fabrics Ltd.，2015）。据报道，2015 年 4 月，Timberland 在其鞋类产品中增加了对可再生、有机和再生材料（ROR）的使用，其中 79% 的产品使用了 ROR，比 2013 年增加了 9%。超过 125 万磅的再生 PET 被用于制作品牌鞋，690 万的鞋子外底含有高达 42% 的再生橡胶。Timberland 的服装系列在 2013 年中含有 36.7% 的 ROR，但在 2014 年降至 18.8%。这其中最主要的挑战是成本（McGregor，2015d）。

2.4.8　Speedo

PVH 公司的授权厂商 Speedo 于 2015 年 8 月推出了 Powerflex Eco 产品。这是与

意大利纱线制造商 Aquafil 的合作项目。这种合作关系包括从裁剪和缝纫制造商那里收集废弃织物，然后加工成 Econyl 纤维。Econyl 是一种合成纺织品，它是使用各种废弃物制成的，包括后工业的废弃物和消费后的废弃物，例如废弃的渔网和旧地毯。Powerflex Eco 是 Econyl（78%）和超长锦纶织物（22%）与耐氯织物的结合，其形状保持时间比传统泳衣长 10 倍。该系列的价格范围为 40~79 美元（260~514 元），与其他 Speedo 的类似产品价格范围一样（McGregor，2015c）。

2.4.9　Adidas

2014 年，这家德国运动服制造商宣布与 Parley for the Oceans 建立合作伙伴关系，该组织致力于消除海洋中的塑料废弃物。Adidas 最初利用这些消费后的废弃物生产的产品包括 3D 打印的跑鞋和使用回收材料制成的运动服。Adidas 开发了一种鞋，其鞋面由海洋废弃物回收的纱线和细丝制成（Shepherd，2016；Velasquez，2014a）。

2015 年，Adidas 宣布一项名为"运动无限"（Sports Infinity）的计划，使用的是一种可以反复回收再利用的 3D 材料。Sports Infinity 是一个促进行业和学术专家之间工作关系的合伙企业。它由 Adidas 牵头，由欧盟委员会（European Commission）资助，合作伙伴包括巴斯夫（BASF）、基斯卡（KISKA）、利兹大学（University of Leeds）技术纺织品中心、德国弗里德里希-亚历山大大学（Fredrich-Alexander University）等。该计划将促进创新工艺和产品的开发，这将使该行业更接近闭环回收（Lamicella，2015）。

2.4.10　Hanes

2010 年，Hanes 推出了一个新的产品线 EcoSmart®。该产品线包括含有再生棉和/或再生聚酯纤维的服装。具体产品包括羊毛服装、袜子、polo 衫和 T 恤，各种消费者均可购买（Sustainable Brands，2010；Hane for Good，2016）。The Hanes EcoSmart 和 Champion Future Friendly 的服装重复利用了回收塑料瓶中的聚酯。Hanes 约拥有 80% 自己的生产工厂，他们从这些工厂中收集来自切割和缝纫操作的工业废弃物。在与 Martex Fiber、Jimtex Yarns 部门的合作中，他们将回收后的工业废弃物送到乔治亚州林肯顿（Lincolnton）的纱线生产厂，然后再用于 EcoSmart 的产品中。

黑色的 EcoSmart 袜子由 55% 的回收棉纤维制成，这是这些袜子中使用的所有棉花（Hanes for Good，2016）。

2.4.11　The North Face

The North Face 是 VF 公司旗下的一个品牌，是技术创新户外用品的主要供应商。The North Face 开发团队深知，可持续性与创新性之间有着深厚的联系。提高产品可持续性的一个目标是尽可能使用可回收的材料。2011 年 6 月，该品牌约 15% 的材料来自可回收材料，相当于售出 1.5 亿美元的产品（Moore，2011）。

2015 年，The North Face 宣布将把 Unifi，Inc.'s Repreve® 纳入其 Denali 抓绒夹克系列。Denali 抓绒夹克中融入了三种环保材料：Repreve® 再生纱线、Repreve® 水洗色纺纱以及由剩余织物和回收的塑料瓶重新加工而成的 Repreve® 纺织回收纱线。

通过使用 Repreve® 的产品，每年有超过 3000 万个塑料瓶被从垃圾填埋场转移出来，用于制作 Denali 夹克。Repreve® 水洗色纺纱还减少了染色所需的水和化学物质。Denali 夹克有黑色和麻灰色可供选择，可减少织物染色和后整理过程中所需的水、化学药品和能源。

Unifi 和 The North Face 通过收集 Denali 夹克生产过程中产生的工业废弃物，发展出另一个合作层次。这些废弃物被送至 Unifi 的 Repreve® 回收中心进行处理，制成 Repreve® 回收纱线。然后将纱线编织成新的 Denali 夹克，因此他们实现了闭环系统。

每生产 10 件 Denali 夹克，就会收集足够数量的废弃织物来生产另外 4 件夹克。

2.4.12　Cone Denim

2014 年，Cone Denim 与 Unifi 合作开发并推出了一款名为 Cone Touch™ 的柔软弹力牛仔面料。牛仔面料的设计旨在为牛仔裤提供更好的舒适性和弹性。Cone Touch™ 采用 Unifi Repreve® 再生聚酯纤维和纱线。每条 Cone Touch™ 牛仔裤平均包含 8 个回收瓶回收制成的纤维（Velasquez，2014b）。Cone Touch™ 产品是该公司可持续环保产品系列的补充。

2.4.13　Levi Strauss&Co.

Levi Strauss & Co. 拥有好几个将回收的纤维转变成产品的项目。2012 年，

Levi's 引入了一个新的牛仔系列 Waste Less™。每个产品包含至少 20% 的消费后废弃物。废弃物包括 PET 塑料瓶和黑色食品托盘。他们与美国各地的市政回收项目合作收集废弃物。Waste Less 牛仔裤男女款式都有，每条牛仔裤平均利用 8~12 个塑料瓶。消费后的废弃物首先按颜色分类，压碎成薄片，然后熔化并挤压成纤维（Green Retail Decisions，2012；Levi's，2012）。

2015 年春季，Levi Strauss&Co.、Evrnu 和 SPC 宣布他们已经用再生的消费后的棉花废弃物制成了牛仔面料。该工艺使用一项正在申请专利的新回收技术，将消费废弃物转化为可再生纤维。这款牛仔裤由废弃 T 恤和原棉制成。经纱为原棉，Evrnu 生产的新型纤维处于填充方向。目前，这种服装已经有了几款雏形，希望这项新技术能够大规模地投入使用，以满足行业需求（Peters，2016）。

2.5　结论

纺织及服装行业正在向循环经济和闭环制造业发展。要做到这一点，一个可行的方法是在纺织及服装产品中使用可回收的材料。回收工作的未来在很大程度上依赖于新技术的开发以及新产品的材料加工（没有质量损失）、收集、分类、加工和利用。创造具有再生成分的新产品的需求至关重要。在服装和家居产品设计和产品开发阶段引入可回收成分是很重要的，但同时也需要鼓励促进回收和再利用的每个环节。

Source Intelligence 的副主编 Sarah Ditty 认为，公司使用再生材料的原因有以下四个：

（1）受媒体监督的驱动；

（2）消费者的需求；

（3）降低成本的要求；

（4）资源稀缺的驱动。

她认为，"大公司知道他们必须拥有创造力和创新精神才能生存，但他们的供应链太复杂，需要大量的时间和资金来实施新系统。这是一个缓慢而漫长的旅程，但我们已走在正确的轨道上。"（Rivera，2013）

在环境可持续发展方面，该行业面临许多机遇和挑战。合作伙伴关系和协作对于这些项目的高效开发、节约成本和闭环回收至关重要。Levi Strauss 认为，竞争与协作必须齐头并进，才能推动行业的进步（Sustainable Apparel Collation，2016）。

参考文献

Advanced Textiles Source. (2013). Ecoalf upcycles ocean trash into yarns for fabric. Available at http://advancedtextilessource. com/2016/02/ecoalf-upcycles-ocean-trash-into-yarns-for-fabric/. (18 May 2016).

Agrawal, Y. , Kapoor, R. , Malik, T. & Raghuwanshi, V. (2015). Recycling of plastic bottles into yarn & fabric. Available at http://www. textilevaluechain. com/index. php/article/technical/item/247-recycling-of-plastic-bottles-into-yarn-fabric. (12 May 2016).

Aizenshtein, E. (2009). Polyester fibres continue to dominate on the world textile raw materials balance sheet. Fibre Chemistry, 41(1), Springer Science+Business Media, Inc.

Aquafil Global. (2016). The Econyl® project. Available at http://www. aquafil. com/sustainability/the-econyl-project/. (21 May 2016).

Beitch, S. (2015). The North face incorporates REPREVE Technology into Denali Jacket [Online]. Available at https://sourcingjournalonline-com. prox. lib. ncsu. edu/north-face-incorporatesrepreve-technology-denali-jacket-sb/. Accessed April 26, 2016.

Burns, L. D. , Mullet, K. K. , & Bryant, N. O. (2011). The business of fashion: Designing, manufacturing, and marketing (4th ed.). New York: Fairchild Books.

Camtex Fabrics Ltd. (2015). Cambrelle® boosts Timberland's green credentials. Available at http://www. cambrelle. com/NewsItem/? id=126420. (13 May 2016).

Econyl®. (2016). Aquafil partners with Levi Strauss & Co. to produce sustainable jeans [Online]. Available at http://www. econyl. com/press/aquafil-partners-with-levi-strauss-co-to-producesustainable-jeans/. (15 May 2016).

Ellen MacArthur Foundation. (2012). Towards the circular economy: economic and businessrationale for an accelerated transition. Available from https://www. ellenmacarthurfoundation. org/circular-economy/overview/concept. (20 April 2016).

Evrnu. (2015a). The Evrnu technology [Online]. Available at http://www. evrnu. com/technology/. (06 May 2016).

Evrnu. (2015b). The future of apparel [Online]. Evrnu home page, Available at http://www. evrnu. com/#intro. (06 May 2016).

Federal Trade Commission. (2016). Protecting America's consumers, wool products labeling Act [Online]. Available at https://www.ftc.gov/node/119457. Accessed April 29, 2016.

Green Retail Decisions. (2012). Recycled bottles turn into new line of Levi jeans [Online]. Available at http://www.greenretaildecisions.com/news/2012/10/18/recycled-bottles-turn-intonew-line-of-levis-jeans. Accessed May 02, 2016.

Hanes for Good. (2016). Environmental responsibility. Available at http://hanesforgood.com/environmental-responsibility/. (16 May 2016).

Hawley, J. (2015). Economic impact of textile and clothing recycling. In Sustainable fashion—What's next? A conversation about issues, practices and possibilities (pp. 204-230). Bloomsbury Publishing Inc.

Hayes, L. L. (2011). Synthetic textile innovations: Polyester fiber-to-fiber recycling for the advancement of sustainability. AATCC Review, 11(4), 37-41.

Jimtex Yarns. (2014). Jimtex yarns home page. Available at http://www.jimtexyarns.com/our-yarns/#ecological. (13 May 2016).

Kincade, D. H., & Gibson, Fay Y. (2010). Merchandising of fashion products. Upper SaddleRiver, N. J.: Prentice Hall.

Lamicella, L. (2015). Adidas to develop custom, recyclable sports apparel [Online]. Available at https://sourcingjournalonline.com/adidas-to-develop-custom-recyclable-sports-apparel/. Accessed May 04, 2016.

Levi's® . (2012). Launching denim made of recycled plastic bottles. The Textile Magazine, 54 (1), 70-71.

Martex Reclaimed Fiber. (2016). [Online]. Available at http://www.martexfiber.com/products/reclaimed-fiber/. Accessed April 24, 2016.

McGregor, L. (2015a). Are closed loop textiles the future of fashion? [Online]. Available at https://sourcingjournalonline.com/are-closed-loop-textiles-the-future-of-fashion/. Accessed May 03, 2016.

McGregor, L. (2015b). Scientists successfully separate poly-cotton blend textiles [Online]. Available at https://sourcingjournalonline.com/scientists-successfully-separate-poly-cottonblend-textiles-lm/. Accessed April 27, 2016.

McGregor, L. (2015c). Speedo closes the loop with swimwear made from fabric remnants [Online]. Available at https://sourcingjournalonline.com/speedo-closes-the-loop-withswimwear-made-from-fabric-remnants/. Accessed April 24,2016.

McGregor,L. (2015d). Timberland steps up recycled content in footwear; commits to sustain-ability [Online]. Available at https://sourcingjournalonline. com/timberland-stepsrecycled-content-footwear-commits-sustainability-lm/. Accessed May 17,2016.

McGregor,L. (2016a). H&M sustainability report stresses need for industry-wide collaboration [Online]. Available at https://sourcingjournalonline. com/hm - sustainability - report - stressesneed-for-industry-wide-collaboration/. Accessed April 27,2016.

McGregor,L. (2016b). Nike raises its sustainability game,sets new supply chain goals for 2020 [Online]. Available at https://sourcingjournalonline. com/nike - raises - its - sustainability - gamesets-new-goals-for-2020/. Accessed May 03,2016.

McGregor,L. (2016c). Texworld USA: Consumer education is key to selling sustainable apparel [Online]. Available at https://sourcingjournalonline. com/texworld-usa-consumer-educa-tion-iskey-to-selling-sustainable-apparel/. Accessed April 25,2016.

Mitchell,M. (1936). "Gone with the Wind". MacMillian Publishers.

Moore,L. (2011). Apparel makers think green. Apparel Industry Magazine,53(6),68.

National Cotton Council of America. (2016). U. S. and world cotton economic outlook. Economic Services—National Cotton Council. Available from http://www. cotton. org/econ/reports/out-look. cfm. (04 May 2016).

Nike. (2016a). Environmental impact [Online]. Available from http://about. nike. com/pages/ environmental-impact. Accessed May 11,2016.

Nike. (2016b). Reuse-a-Shoe FAQS,sustainability performance [Online]. Available from ht-tp://help-en-eu. nike. com/app/answers/detail/a_id/39600/p/3897. Accessed May 11, 2016.

Nike. (2016c). Sustainability has become a game changer for Nike [Online]. Available from ht-tp://about. nike. com/pages/our-ambition. Accessed May 11,2016.

Patagonia. (2016a). Environmental and social responsibility. Available from http://www. patag-onia. com/us/patagonia. go? assetid=110473. (28 April 2016).

Patagonia. (2016b). Reclaimed cotton [Online]. Available from http://www. patagonia. com/ us/patagonia. go? assetid=102265. Accessed April 28,2016.

Patagonia. (2016c). Recycled polyester [Online]. Available from http://www. patagonia. com/ us/patagonia. go? assetid=2791. Accessed April 28,2016.

Patagonia. (2016d). Recycled wool [Online]. Available from http://www. patagonia. com/us/ patagonia. go? assetid=93863. Accessed April 28,2016.

Payne,A. (2015). Open and closed-loop recycling of textile and apparel products. Handbook of Life Cycle Assessment (LCA) of Textiles and Clothing,103-123.

Peters,A. (2016). CoExist Levi's made the first ever 100 % recyled cotton jeans [Online]. Available from http://www. fastcoexist. com/3059826/levis-made-the-first-ever-100-recy-cledcotton-jeans. Accessed May 14,2016.

Porter,N. (2016). H&M Unviels the Swedish Olympic Team's New Uniforms [Online]. Available at http://www. racked. com/2016/4/27/11517942/h-m-sweden-olympics-uniforms. Accessed July 21,2016.

Repreve. (2016). Repreve home page [Online]. Available at http://repreve. com/brands. Accessed May 13,2016.

Rivera,L. (2013). Anonymous green futures magazine. A recycled bottle blend for jeans [Online]. Available from https://www. forumforthefuture. org/greenfutures/articles/recycled-bottle-blendjeans. Accessed May 03,2016.

Shephard,H. (2016). Sustainability now! Nike and Adidas hop on the green train. Available at http://fashionunfiltered. com/news/2016/sustainability-now-nike-and-adidas-hop-on-the-greentrain. Accessed May 13,2016.

Sustainable Apparel Coalition. (2016). Member spotlight: Levi Strauss & Co [Online]. Available from http://apparelcoalition. org/member_spotlight/levis/. Accessed May 06,2015.

Sustainable Brands. (2010). Hanes launches environmental marketing, products, and website. Available at http://www. sustainablebrands. com/news_and_views/articles/hanes-launches-environmental-marketing-products-and-website. Accessed May 10,2016.

Tenjin. (2016). Closed-loop recycling system ECO CIRCLE [Online]. Available at http://www. teijin. com/solutions/ecocircle/. Accessed April 24,2016.

Vadicherla,T. ,& Saravanan,D. (2014). Textiles and apparel development using recycled and reclaimed fibers. In Roadmap to sustainable textiles and clothing (pp. 139-160). Springer.

Velasquez,A. (2014a). Adidas reveals prototype shoe made of recycled ocean waste [Online]. Available at http://vampfootwear. com/adidas-reveals-protoype-shoe-made-of-recycled-ocean-waste/. Accessed April 30,2016.

Velasquez,A. (2014b). Cone Denim and Unifi launch eco-friendly,soft stretch Denim [Online]. Available at https://sourcingjournalonline. com/cone − denim − unifi − launch − eco − friendly−softtexstretch−denim−av/. Accessed April 20,2016.

Yin,Y. ,Yao,D. ,Wang,C. & Wang,Y. (2013). Removal of spandex from nylon/spandex blended fabrics by selective polymer degradation. Textile Research Journal.

Zamani,B. (2011). Carbon footprint and energy use of textile recycling techniques,M. S. Thesis,Chalmers University of Technology.

第3章　牛仔废弃物的回收和再利用

摘要：自从牛仔织物发明以来，它的风靡全球，历史已经见证了它不同时代的发展。可持续发展和回收再利用是当今的流行语，从制造商到消费者，服装供应链上的所有利益相关者都在为此努力。对可持续的关注要求全世界的研究和开发机构要面临与牛仔织物回收相关的问题，以充分利用废旧面料来开发新产品。许多零售商通过鼓励消费者将旧衣服换成新衣服，并将这些衣服转换成原料或中间物质，以展示其参与闭环回收计划所付出的努力。生产工艺的变化，体现在不使用锦纶线和铆钉的情况下生产可降解牛仔裤，同时，从牛仔裤中回收纤维且不改变其质量的新技术也在研发中。各国还通过开展固体废弃物管理、垃圾回用和循环利用减少垃圾填埋场负荷、环境保护法律法规等项目来加大支持力度。本章论述了牛仔织物的重要性及其对社会的影响、生产和填埋问题，牛仔废弃织物再利用和回收所涉及的技术，对全球许多组织为再生纺织品和再生回收牛仔织物所做工作的评估以及牛仔织物可持续回收路线图。

牛仔织物是世界上使用最广泛的面料之一，在生产制造和废弃物处理过程中对环境产生了巨大的影响。牛仔织物的回收利用为节约原材料、能源和水的消耗、化学品和助剂以及废水处理等提供了机遇。牛仔废弃物经再加工后制成的纤维，其颜色与所使用的原料相同，因此在很大程度上可以省去染整工序。阿迪达斯（Adidas）和耐克（Nike）等许多零售商以产品中使用可回收材料的百分比来展示和销售其产品。统计报告显示了他们从顾客那里收集到的服装数量以及将所得收益向国际慈善机构捐款的数额。提高消费者对可持续发展和环境安全贡献的意识，不仅促进了牛仔织物的回收，也促进了许多其他材料的回收。人们关注的焦点应转向生产无浪费的产品，如果发生浪费，则应将其回收以实现零浪费经济。

关键词：可持续发展；牛仔裤的回收和再利用；循环经济；零浪费管理

3.1 概述

3.1.1 牛仔裤的诞生

结实的牛仔面料是各年龄段最受欢迎的纺织品之一，其变化远超出人们的想象。从工厂的工作服到时装秀上高级服装设计师设计的服装，任何服装都可以使用它。牛仔面料向牛仔裤的转化归功于裁缝 Jacob W. Davis 和企业家 Levi Strauss（李维·斯特劳斯）两人的共同努力。牛仔裤在形状、剪裁和象征意义上一直在发生着改变。据 1969 年的《美国面料杂志》（*American fabric magazine*）称，牛仔面料是最古老的面料之一，但由于人们持续的使用和兴趣，它将会是永远的潮流时尚（Downey，2014）。

蓝色牛仔裤最初是一种由羊毛制成的结实面料。1700 年，这种面料与棉混纺，后来由 100% 棉纤维制成。该名称源自 serge de Nimes，意为法国尼姆的毛哔叽。这种材料最初被用作船上的帆布，多亏了一些水手的创新思想，才能将其转化为后来的牛仔裤。靛蓝是从木蓝属植物中提取的一种蓝色染料，从公元前 2500 年起就被用作染料，直到 20 世纪它才被合成染料取代。在早期，牛仔面料和牛仔裤可以通过识别纱线颜色进行区分。传统的牛仔面料只有经纱染色，纬纱保持本色，而牛仔裤的经纱和纬纱均被染色。

市场上主要有两种款式的牛仔裤，其中一种牛仔裤被称为腰部工装裤。靛蓝色被用来掩盖牛仔裤上的灰尘。尽管染色一条牛仔裤只需要用几克靛蓝染料，但每年共需要生产约 20000t 靛蓝染料用于牛仔裤染色。一包棉花最多可以生产 225 条牛仔裤。第一个贴在衣服上的标签是 Levi's 牛仔裤后袋上的红旗。纽约一家名为 Limbo 的牛仔裤零售商为了获得破旧的外观而开始对牛仔裤进行水洗，并使之成为时尚界的大热门。

制造一条 Levi's 501 牛仔裤需要经过约 37 道缝纫工序。男士牛仔裤的前面配有拉链，女士牛仔裤的侧面安装有拉链。商标用橙色线缝制而成，并被用于 Levi's 牛仔裤片的缝合。起初，所有牛仔裤口袋的角都会装上了铆钉，使口袋更牢固。但有人抱怨，铆钉会划伤鞍座和椅子，于是就把它们从牛仔裤后面取了下来。1873 年 5 月 20 日，雅各布·戴维斯（Jacob Davis）和李维·斯特劳斯（Levi Strauss）及其公司获得了蓝色牛仔裤的专利，那天被认为是蓝色牛仔裤的生日（Anonymous，2016a，b）。平均每个美国人拥有 7 条蓝色牛仔裤。每年在美国售出约 4.5 亿条牛仔裤，其中 50% 以上是由中国、印度和孟加拉国等亚洲国家制造的。人工合成染料和弹性纤维已经逐渐进入牛仔制造业。当第二次世界大战后，美国士兵在退役时穿着牛仔裤，牛仔裤便从美国开始流行全球。世界上最昂贵的一条牛仔裤以 25 万美元的价格售出，最长的一条蓝色牛仔裤长 68m（Anonymous，2016a，b）。

3.1.2　牛仔裤的社会和文化价值

军装、西装、校服或牛仔裤等服装在穿着时都会给人带来情感上的变化。因为牛仔裤十分合体，人们通常会用舒适、简单、随意来描述穿着牛仔裤的感受。这可能是由于布料与人体形态的统一，使穿着者能够不断感受自己的身体形象。在自我认同和社会接受能力非常重要的当代西方社会中，这些情感受到高度重视。随着时间的推移，牛仔裤变得更加人性化和个性化。

蓝色对于西方社会具有重大的意义。它与圣母玛利亚、海洋、天空以及我们星球的颜色都有历史象征性的联系（Candy，2005）。蓝色的牛仔裤是维多利亚时代的一种服装风格，在过去的几十年里，它超越了所有蓝色服装，并被赋予广泛的文化内涵。

无论是年轻人还是老年人，牛仔裤都非常贴近他们的个人生活，可以激发人们的一系列情感。凯伦·派恩（Karen Pine）教授的研究表明，一个人的情绪与他穿着的服装有着密切的联系，服装可以用来反应一个人的情绪。该研究还强调了抑郁症患者和穿牛仔裤之间的相关性（Cooper，2016）。

牛仔裤最初是一种工装裤，并不被富裕阶级的人们所喜爱。在 20 世纪 20~30 年代，蓝色牛仔裤被用于区分墨西哥村庄工人阶级所穿着的白色服装。随后在美国发生的一系列事件使得蓝色牛仔裤变成美国民主萧条的象征。在第二次世界大战期间，军用牛仔裤的消费和临时制定的工业法规促进了牛仔裤的生产和经济的增长。

在美国电影的黄金时代，像詹姆斯·迪恩（James Dean）和马龙·白兰度（Marlon Brando）这样的当红演员穿着牛仔裤是因为他们愿意穿着牛仔裤，而不是把牛仔裤当作工作服的象征。随着一系列的文化变革，如杂志、电影和摇滚乐等在娱乐业崛起，牛仔裤成为一种新的表达方式。好莱坞明星代言的牛仔服饰成为时尚的象征，而紧身牛仔裤则成为叛逆青年的象征。

到了 20 世纪 60 年代，牛仔裤被人们广泛接受，它的质感变得更柔软，多使用更柔更浅的色调，代表了更柔和的价值观；并运用棕色、柔和的蓝色和绿色，由人工外观向自然外观转变。20 世纪 70 年代，音乐和流行文化促使了喇叭裤的诞生；随着价格高达 100 美元的名牌牛仔裤的推出，使得这种牛仔裤成为身份的象征（Sullivan，2006；Weber，2006）。由于牛仔裤具有可转换性、适应性和延展性，可以适应不断变化的文化需求，因此牛仔裤在各个时代都能获得人们的青睐。

在瑞典，牛仔裤品牌与人们的文化价值观紧密相联，人们将这一现象称为"瑞典牛仔裤的奇迹"。Denim Demon 一支乐队，以萨米语命名，以表示对瑞典北部、挪威、芬兰和俄罗斯土著的致敬。Nudie 是被视为人体第二层皮肤的一款牛仔裤。它强调激情以及牛仔裤与穿着者之间深厚的联系，随着时间的推移，它被塑造成与穿着者合二为一的款式。

3.1.3　牛仔裤的个性化设计

蓝色牛仔裤非常贴近生活，并且随着时间的流逝，消费者与牛仔裤之间的纽带会更加牢固。中国的一项调查显示，219 名受访者中有三分之一的人认为，选择牛仔裤作为日常休闲穿着非常普遍，并且在选择牛仔裤时，合体和舒适对人们来讲很重要（Wu et al.，2006）。视觉、触觉等感官愉悦激发消费者在购买前试穿和感受产品。年轻人喜欢追求独特的设计来增强其社会意义，服装的颜色也能够激发人们的情感和审美诉求（Schmitt et al.，1997）。加拿大的一项调查显示，96.1% 的人喜欢牛仔裤，超过 50% 的人每天都穿牛仔裤，平均每个受访者拥有 9~10 条牛仔裤（Rahman，2011）。印度的一项研究强调，60% 的受访者喜欢每周穿四五次牛仔裤，27% 的人每天都穿牛仔裤。牛仔裤也是已婚印度妇女的首选服装（Upadyayay et al.，2013）。吸引女性受访者选择牛仔裤的其他原因包括：牛仔裤陪伴人们走过许多悲伤和快乐的时光；在工作场所也能给人一种舒适的感觉；紧身牛仔裤给人以穿着 churidar（一种覆盖腰部到脚踝的紧身印度服装）的感觉；蓝色非常适合休闲穿着。这项研究强调了牛仔裤在受访者心目中更深层的含义。

决定牛仔裤优劣的另一方面在于它的合身性。穿着的舒适性、塑形性、身体满意度、自我评价和感官愉悦都会给人带来良好的体验。身体形象和自信都与身体满意度紧密相关。自我评价是人们对自己的身体部位和整个身体的满意或不满意的程度。

牛仔裤是评估一个人的身体形象的重要工具,当牛仔裤被证明是件可以令人愉悦的产品时,便会大受欢迎。不满意通常是由下半身形体引起的。修身型、合体型、常规型、舒适型、半宽松型和宽松型这些类别均可供消费者根据自身情况选择。李维斯还根据定义臀部到腰部轮廓 ID 集合的曲线,推出了三种不同的剪裁和贴合方式。根据客户的体型来选择合身的款式(Levis,2016)。牛仔裤的轮廓是根据臀部的自然形状设计的,还要确保腰部合身,避免挤压或崩裂。牛仔裤生产公司提供各式各样的款式、大小和尺码,以迎合当今顾客的不同需求和身材。低腰紧身牛仔裤可以突出人体曲线,使穿着者更富有魅力。男性的粗犷和女性的柔美被许多制造商和零售商用来提升牛仔裤的吸引力。Calvin Klein 在广告中结合性感和青春元素,在年轻人中引起轰动,从而促进了销售。

手感会引发消费者对产品的态度和行为。触摸后手感的感官反馈有利于增加消费者对产品的信心,从而说服消费者购买该产品。消费者的触感体验与产品在实体商店中的陈列位置紧密相关。在线虚拟商店在销售产品时则没有此优势。行为态度在本质上可分为功利主义和享乐主义。功利主义是消费者感知到的有用的、有价值的或明智的态度,而享乐主义是由消费者从行为中所明显感知到的或预期到的快乐发展而来的。不仅是功利主义,享乐主义给消费者带来的好处还体现在促销和零售上,触摸手感作为一种享乐体验被广泛应用于各种产品和服务中(Ahtola,1985;Peck et al.,2006)。一条牛仔裤的价值在于表面处理以增强其感官吸引力和柔软度。牛仔裤的享乐性非常重要,为此,制造商花费了大量的资源来获取所需的最终外观。诸如酶洗、水洗、手工打磨、有机硅柔软剂表面处理、喷砂处理、外观复古、石洗、着色、撕裂或外观做旧、晶须和纳米修整等表面处理都改善了牛仔裤的触感。在某些情况下,可以组合使用多种处理方式以获得织物特定的手感。触感会提供有关牛仔裤的穿着体验和审美外观等有用的信息,并有助于提高人们对产品的满意度。

牛仔裤与身体的紧密联系使得它成为一个不可分割的组成部分,可以描绘出一个人在同龄人和社会中的情感、魅力和自尊。牛仔裤既暴露又隐蔽的特性可以吸引人们对它产生依恋,从而创造出一种神奇的纽带,给人留下持久的印象,并成为任何时代的经典。

3.1.4　牛仔裤的生命周期

棉花是牛仔织物生产的原材料，全世界大约有 90 个国家都种植棉花。种植 1kg 棉花需要消耗 $2×10^4$ L 水，而且棉花种植过程中使用了大量的农药。不可持续的耕作方式和大量耗水使种植棉花的生态系统和环境受到污染。牛仔裤的生命周期如图 3.1 所示。

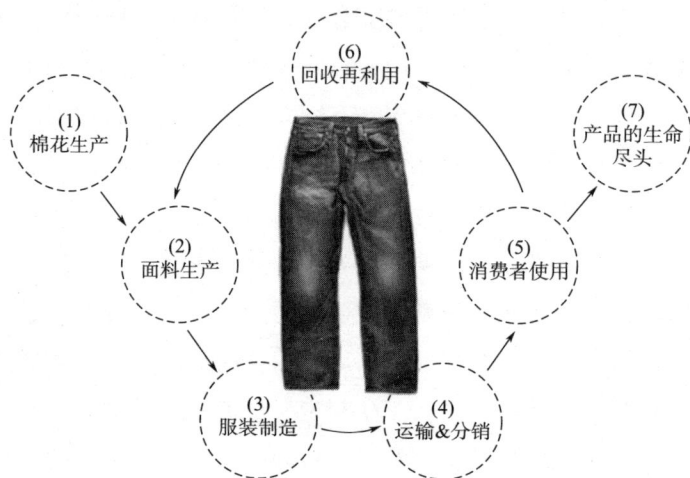

图 3.1　牛仔裤的生命周期（Op，2014）

从地里采摘的棉花被送到纺织厂，在那里棉纤维通过轧棉、梳棉和纺纱过程转变成纱线，然后用一根白纱和一根通常染成蓝色的有色纱织制成织物。有时也可能会使用聚酯或氨纶等合成材料，以便于护理或拉伸。机织牛仔面料编织时常采用斜纹组织结构。

在孟加拉国、印度、中国等国家的服装工业中，这种面料被切割成不同的衣片并组装成牛仔裤。缝纫工作是通过流水线或通过单件生产系统完成的，在单件生产系统中，缝纫工人逐一将衣片进行缝合，最终成品服装会出现在生产线的末端。

成品牛仔裤经过质量检查，包装运输到世界各地，并通过批发、零售和网络进行分销。消费者在使用阶段需要对牛仔裤进行保养和维护。晾干和冷水洗涤的方式可以降低对环境的影响。

牛仔裤的回收是消费者、零售商和制造商在消费者使用牛仔裤后对其加以再利用的最新概念。当牛仔裤无法被回收时,就会被送到垃圾填埋场。据估计,每年有 228 亿磅的衣物被扔进垃圾填埋场。

表 3.1 展示了一条 Levi's 501 牛仔裤的整个生命周期对环境的影响。

表 3.1　Levi's 501 牛仔裤对环境的影响

环境参数	数值	等价物
二氧化碳排放量	33.4kg CO_2-e	平均每辆美国汽车行驶 111km(69 英里)或大型等离子屏幕电视播放 246h
耗水量	3781L	美国所有家庭 3 天的需水量
富营养化	48.9g PO_4-e	1700 个番茄中磷的总量
土地占用	12m²/年	一个边长为 7 人伸出双臂,指尖彼此接触的长度的正方形

李维斯遵循的可持续实践旨在降低牛仔裤制造对环境的影响。干旱和暴风雨等气候灾害导致棉花歉收和价格飞涨。制造商正在寻找可持续的原材料。有机棉比传统棉可少用 70% 的农药(Kobayashi,2013)。李维斯已经开始进行集约水循环利用,75%～80% 的水通过微滤进行循环利用,并为其供应商公司制订了标准。在染色和后整理中也遵循环保做法,使用酶代替常规化学品。

蓝色牛仔裤从最初粗制滥造的工作服开始,到后来被明星捧红,只因牛仔面料结实耐穿、舒适,社会各阶层都买得起。多年来,数以百万计的牛仔裤被制造和使用,但如今,消费者已经把注意力转向牛仔裤的回收和利用,以延长牛仔裤的使用寿命,保护环境免受进一步的破坏。

3.2　牛仔废弃织物对环境的影响

废弃物是指毫无用处的材料,它的最终结局是被丢弃,这会给社会和环境带来一些问题。一个部门的废弃物可能是另一个部门可重复利用的潜在资源。今天大多数工业、社区和政府极为关注产生的大量废弃物及其对环境的消极影响。2009 年,美国康涅狄格州开展的固体废弃物组成和特性研究报告表明,纺织品及服装废弃物占全州废弃物流的 4%,约 96500t。此外,71800t(74%)的纺织废弃物来自住宅废弃物,24700t(26%)来自非住宅废弃物。据估计,康涅狄格州的垃圾处理费用为 570 万美元，税率为每吨 60 美元。解决纺织废弃物处理是个难题，当考虑到这个问题时，涉及许多相关因素，比如废弃物处理对人类和环境的危害；垃圾填埋场缺乏容纳纺织品和服装废弃物的空间；稀缺资源和成本的消耗；与产生浪费，过度消费相关的道德观等。

3.2.1 废弃物的种类

环境署已将废弃物分为受控废弃物和非受控废弃物。家庭、工商业组织和建筑产生的废弃物属于受控废弃物，而农业、采石、疏浚和采矿产生的废弃物属于非受控废弃物。据报道，1993~1996 年，欧洲联盟成员国受控废弃物的平均产量约为每人每年 370kg（Fischer，2000）。废弃物按产生方式分类为消费前的纺织品废弃物、消费后的纺织品废弃物和后工业的纺织品废弃物。消费前的废弃物是工业生产中的剩余，包括原材料到准备上市的成品，如边角料、剪毛、毛边、不合格材料、次品服装、可用于其他用途的同质且清洁的出口剩余产品。它们可以低价出售给处理这些材料的代理商，也可以送往垃圾填埋场。这类废弃物有很大的回收利用潜力。图 3.2 显示了废弃物的类型以及回收和利用的方法。

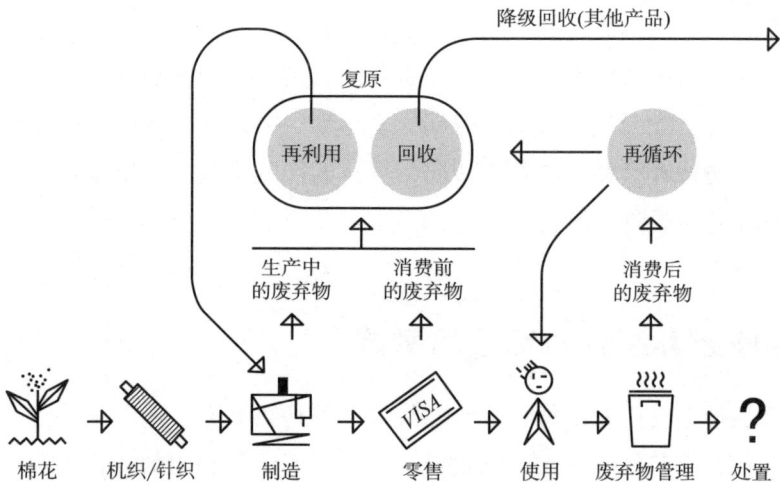

图 3.2　纺织废弃物的类型（Trash to Trend，2016）

消费后的纺织废弃物可以包括任何已经完成其生命周期并且在功能和美观上都不再对消费者有用的产品。消费者不再需要该产品，并且由于磨损、破坏、不合身和过时而将其丢弃。在大多数情况下，质量较好的服装或产品可以被回收和再利用。未回收和再利用的产品被粉碎并转化为原料，以供进一步生产使用。

工业纺织废弃物在制造过程中产生，被称为脏废弃物。这些废弃物收集困难且有污染问题，可能无法回收。一个对健康和环境造成巨大影响的例子是堆积在纺织印染工业中的固体废弃物堆，如图 3.3 所示，它们最终在垃圾填埋场进行集中处理。然而，所有相关机构为了避免这种大规模浪费都积极参与其中，为研究开辟了广阔的道路。（Caufield，2009）

图 3.3　纺织印染工业产生的污泥废弃物（KNITcMA，2011）

3.2.2　废弃物的管理

废弃物管理包括对产生的废弃物的收集、处理、运输和处置。根据所产生的废弃物种类及回收程度，会用到回收、堆肥、污水处理、焚化及垃圾掩埋等方法。世界卫生组织（WHO）建议，一种物质根据其毒性、环境耐久性、移动性、生物蓄积性和爆炸性被决定是否被称为污染物（WHO，2000）。健康问题是参与废弃物管理的工作人员和生活在废弃物倾倒场附近的平民的主要问题。废弃物现场附近的人若长时间暴露于镉、砷、铬、二噁英、镍和多环芳烃（PAH）等物质下，不仅会产生致癌隐患，而且会对人体中枢神经系统、肝脏、肾脏、心脏、肺、皮肤和生殖系统产生严重的影响。其他污染物如二氧化硫（SO_2）和粗粉尘颗粒（PM10）会给社会弱势群体如婴儿和老年人等带来疾病甚至造成死亡，二噁英和有机氯化物是亲脂分子，容易在富含脂肪的组织中沉积，导致严重的生殖疾病或内分泌失调（Rushton，2003）。

流行病学研究表明，垃圾填埋场会对环境造成不良影响。在20世纪30~40年代，大量的废弃物被倾倒入纽约的拉夫运河，其中包括农药生产中的有毒废弃物。到20世纪70年代中期，研究和报道指出，1950年代垃圾填埋场周围的溪流、土壤、下水道和空气，如今仍能检测到化学物质的浸出。除了处理麻烦、气味严重、风险和压力共存等不利情况，垃圾填埋还会给人类带来出生缺陷、生殖障碍、先天畸形和癌症等问题。由于垃圾的大量倾倒和由此产生的垃圾暴露问题，拉夫运河附近和新泽西州的利帕里地区出现了新生婴儿体重下降和死亡的现象。（Vianna et al.，1984；Goldman et al.，1985；Berry et al.，1997）。在英国，因威尔士垃圾填埋场造成的健康问题增加了9倍，包括神经管缺陷、染色体紊乱、心脏间隔功能紊乱以及动脉和静脉异常（Dolk et al.，1998；Vrijheid et al.，2002）。居民居住地与北美第三大废弃物倾倒场Miron Quarry的距离决定了肝癌、肾癌、胰腺癌的发病率（Goldberg et al.，1995，1999）。此外，由于挥发性有机化合物、生物气溶胶和灰尘水平，废弃物处理场的工作人员面临着胃癌、肺癌以及皮肤问题等健康风险（Gustavsson，1989；Rapiti et al.，1997）。

与废弃物焚烧有关的污染物有粉尘颗粒、酸性气体、二氧化氮（NO_2）、二氧化硫（SO_2）、气溶胶、金属和有机化合物。垃圾焚烧造成的健康风险是由于长时间接触垃圾，向空气中排放的污染会导致心血管和呼吸系统疾病甚至死亡。焚烧垃圾带来的呼吸系统疾病有支气管炎、肺功能下降、呼吸问题、寿命缩短和肺癌（Dockery et al.，1994；Katsouyanni et al.，1997）。像二噁英和多氯联苯（PCBs）这样的有机化合物是高度危险的，因为它们会在体内积聚，导致白血病和氯痤疮等皮肤病、心血管疾病、喉癌和儿童癌症（Elliot et al.，1992，1996，2000）。研究表明，在瑞典的焚烧场，高浓度的粉尘颗粒会导致在1.62~1.64置信区间95%的置信水平上3.35%的标准化肺癌死亡率；而在意大利的焚烧场报告中，在0.94~6.35置信区间90%置信水平上的标准化胃癌死亡率为2.79%（Gustavsson，1989；Ancona et al.，2015）。流行病学研究正在使用生物标记技术来估计废弃物的暴露水平，并分析不同暴露水平所带来的生物反应或影响。热废弃物处理的替代技术，如气化和热解以及废弃物处置前的生物力学预处理被广泛使用，为了解这些技术的使用效果提供了很大的研究空间。

工业为消费者生产产品，但这里面需要的成本是多少？可持续生产可以被称为一种为我们的后代保留我们目前从大自然中享受的物质的商业模式。历史上的许多事例揭示了不道德制造的后果和对环境的影响，而环境反过来又影响到所有生物和人类。大多数人都关心环境，但他们觉得总会有别人来拯救我们的世界。我们未来的居住环境不能充斥着有毒的烟雾与气体。所有的利益相关者都应该遵循成为解决问题的一部分而不是制造污染的一部分的理念。随着生产水平的提高，最强大的工业国家也会面临污染问题。当环境问题得到预测和处理，各地组织都能为任何不可预测的危险做好准备，那么所有的工业活动都将朝着可持续性这一当今世界的焦点去发展。

3.2.3　牛仔织物生产过程中对环境的影响

牛仔裤通常是由棉纤维制成，这就导致人们认为它在自然环境中质量会逐渐变差。棉花具有易霉变、不耐酸和漂白剂的特性，会促使原料变质。这些科学事实是正确的，但实际上，一条100%棉纤维制成的牛仔裤在环境中可以保存很长时间，对环境的负面影响非常大。据估计，美国每年售出4.5亿条牛仔裤；一条牛仔裤需要消耗68kg（150磅）棉花和5678L（1500加仑）水。除此之外，将原材料加工成最终产品需要消耗大量的资源，并与用于牛仔布特殊整理的化学剂相结合，形成喷砂、仿旧及破损的外观效果。牛仔裤已遍及世界各地，而且需求量巨大。牛仔织物整理后残留的镉、汞和铅等有害化学物质会被倾倒入水中。印度作为纺织品的生产大国，正面临着由无人制造带来的水和土地资源污染严重的后果，清洁的饮用水对这些制造中心周边的当地人来说十分稀罕。

3.2.3.1　废水及化学剂

外观破旧的牛仔织物被称为仿旧牛仔织物。生产过程包括用有毒染料着色、酸浴、喷砂，然后再用化学浴处理。根据破旧程度的不同，牛仔裤生产中需要用到大量的水和化学剂，对其进行多种处理，由此产生的废水对环境和社会都是有害的。特瓦坎是墨西哥牛仔业的中心地带，这里有许多为牛仔裤做最后润色的工业洗衣店。漂白剂、染料和洗涤剂是常用的清洗剂，具有高污染性（Creek Life，2016）。这些行业的不规范管理对环境产生了负面影响，使墨西哥河流变成了真正的蓝色。当消费者意识到牛仔面料生产中的弊端时，他们会被激励选择更环保的替代品。

3.2.3.2 媒染剂

合成靛蓝染料在媒染剂的帮助下附着在牛仔织物纱线的外部。媒染剂有很多种类，但通常使用的是金属媒染剂，如铬或铝。牛仔裤工业产生的废水以及这些带有媒染剂的残留物会使植物致死、破坏生态系统、污染饮用水。在这两种媒染剂中，铝对环境的污染小于铬。这些媒染剂的应用是导致牛仔裤在穿着过程中褪色的主要原因。

3.2.3.3 靛蓝染料

天然靛蓝染料主要是从热带植物木蓝属中提取的。这种植物来自印度，它的叶子中含有 0.2%~0.8% 的染料化合物，经过发酵后将糖苷指示剂转化为蓝色染料靛蓝素。将发酵后叶液中的沉淀物与碱液混合，压成饼状，晒干并粉化。再将这种粉末与其他物质混合，以产生从蓝色到紫色的过度色调。靛蓝染料使用较为困难，因为它不溶于水。还原过程可以溶解染料，并将其转化为白靛蓝。氧化过程有助于靛蓝的着色。从白色靛蓝染料溶液中取出的织物与空气中的氧气结合，就会转化为不溶的、着色牢固的靛蓝（Schorlemmer, 1874）。

靛蓝被称为蓝色黄金。19 世纪，在印度有 7000 多平方公里的槐蓝属植物种植。1859 年，种植园主为了追求商业利润，无情地迫使孟加拉农民种植靛蓝，为反抗不公平的待遇而发动起义，这场起义后来被称为靛蓝起义（Kriger et al., 2006; Steingruber, 2004）。天然靛蓝虽拥有历史的名望但并非环保染料。它的分解通常需要很长时间，不但会使河水变黑，还会阻止水中的动植物吸收阳光和氧气。1897 年，人们共从植物中提取了 19000t 天然靛蓝。对蓝色的热爱导致天然靛蓝的大量使用，直到 1897 年巴斯夫将合成靛蓝工业化生产，这种现象才有所缓解。

3.2.3.4 对环境的污染

孟加拉国是仅次于中国的全球第二大服装出口国，许多领先的零售商，如沃尔玛、J. C. Penny，在其供应链中都以来自孟加拉国的强大供应商为基础。他们采用的低成本方案包括支付低工资、尽量压低工作条件和安全上的花费、允许未经处理的废水排放以及不需要遵守环境法规。这种态度对其首都达卡及其周边地区造成了严重的水污染灾难。有毒废水与稻田交错，未经处理的废水排入水源导致鱼群濒临灭绝、水道充满垃圾以及食物链中的污染。国家虽然已经对纺织和印染行业征收了罚款，但这些政府机构却没有采取严肃的行动。这些地区的工厂在没有环境许可证书的情况下继续运营超过 23 年。图 3.4 所示为孟加拉国萨尔瓦地区环境遭受的严重破坏。由于空气中充斥着化学物质、有毒的臭气和来自河流的气味影响了居住在该地区的人们，使得这些地区的学生有轻度的头晕目眩症。学生们只要看看这条运河就能很好地了解最新的色彩流行趋势（Hasan，2013）。绿色和平组织发布了名为《有毒的线：时尚界的大缝合》的报告，强调了染料污染和牛仔裤的危害，其中使用有毒染料较多的品牌有李维斯（Levi's）和汤米·希尔费格（Tommy Hilfiger）（Barker，2013）。有关孟加拉国牛仔裤产量位居世界首位的报道，都与该国国家、人民和环境遭到破坏的悲惨故事相关联。

(a) 污染河流附近的居民点

(b) 牛仔裤工业的污水

(c) 未经处理的污水进入水源

(d) 住在被污染的河边的农村人

图 3.4　孟加拉国萨瓦尔地区的染色污染

3.3　牛仔废弃织物的回收和再利用

如今全球所有环境和经济理论的主要组成部分是可持续发展。环境部门的许多问题都是由于产品生产和消费增加以及相关物质的流动造成的。原材料、能源、水和土地等不可再生资源和可再生资源的消耗与商品的生产和供应有关，而商品的生产和供应又因人口增长和城市化而加速。人口的增长和高消费给发达国家带来了很大的压力，也导致了环境问题的增加。

防止废弃物的产生和回收再利用需要我们在产品被丢弃成废品之前延长其使用的生命周期，从而最大限度地利用该产品。在经济体中，当生产出来的产品被当作废弃物毫无顾忌地投入环境时，物质流动被称为单向流动。如图 3.5 所示，当工业和消费者使用的废弃物中包含回收成分时，有助于它的回收。综合考虑经济、社会和环境三方面因素，回收计划十分重要（Shore，1994）。与回收包装物相比，废弃物处理方案更为昂贵。由于自然资源的稀缺，制造产品的成本变得非常高，这使得回收再利用比生产新产品更有价值。

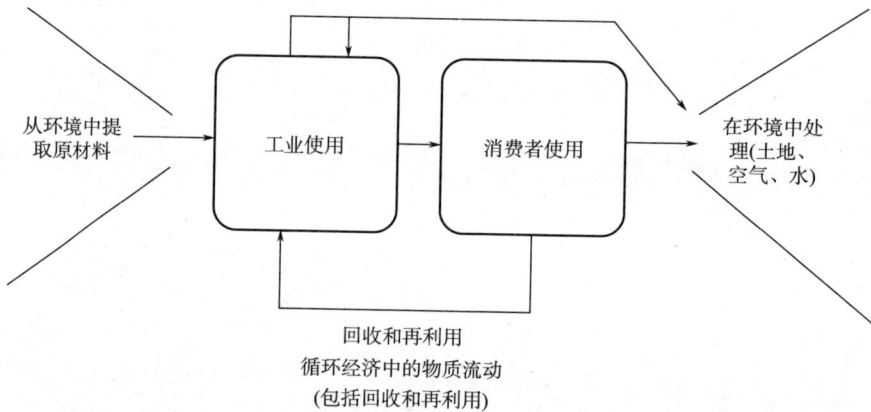

图 3.5　循环经济中的物质流动

对于整个社会而言，回收再利用可以为较低的经济群体创造就业机会。在废弃物处理部门，一项回收工作就能创造四个就业机会。它还有助于小型和家庭企业的发展，并致力于为共同解决环境问题的人们建立紧密的联系。美国环境保护署（EPA）报告称，在美国，再利用和再循环行业雇用了 110 万人，年薪近 370 亿美元，年收入为 2360 亿美元。进一步的回收也为工业提供了 140 万个就业机会，薪酬总额为 520 亿美元，产生的收入为 1730 亿美元（Beck，2001）。循环利用通过减少温室气体的产生、化石燃料的使用、解决与土地使用有关的自然环境冲突来节约能源、水和资源，从而实现可持续发展（Cuc et al.，2011；WWF，2008）。

3.3.1　牛仔废弃织物的来源

牛仔裤在生产过程中产生的裁剪废弃织物可以被拆解再利用，并作为生产牛仔织物纬纱的原料。在牛仔裤的生产过程中，由于废弃织物没有经过洗涤或整理工序，所以废弃织物中的靛蓝会被保留下来。由于回收过程中涉及机械过程，这些纱线的强度可能会略有降低。

消费后的牛仔裤是牛仔废弃织物的另一个来源，其材料的异质性使得在自然界中回收十分困难。颜色、面料质量以及铆钉、纽扣、拉链和标签等服装辅料都是影响牛仔废弃织物异质化的关键因素。在大多数情况下，消费后的牛仔裤会被回收作为新的服装材料。标签磨损也会导致废旧牛仔裤收集和分类过程中的一些问题，大部分回收的牛仔废弃织物会被撕成碎片，用于生产保温、隔音、压力分布等低价值产品。由于全球严格的市场政策，消费者、制造商和零售商对再生材料的兴趣越来越浓厚，越来越多的再生材料被用于可持续产品。许多研究机构，如 Texperium（NL）（Paul，2015）已经将他们的注意力转向消费后牛仔裤的增值回收，以实现资源的高效利用和绿色采购的目标。

3.3.2　牛仔裤回收的闭环模式

实现可持续发展最重要的是延长服装的使用寿命。如图 3.6 所示，闭环模式常用的概念是再利用、再修复、再回收、再设计和再想象。把衣服送给二手商店，或者添加一个旧标签来拓展产品的使用范围，这些都是再利用的一种方式。

再利用和再修复是相互关联的，因为修复就是为了产品的再利用或者进一步使用。回收工作为产品增添了一个全新的阶段，赋予不再使用的产品以新的使用价值。回收过程为生产提供原材料，而原始材料与回收材料的结合将有助于保持产品的质量。重新设计的两个重要方面是"回收为了设计"

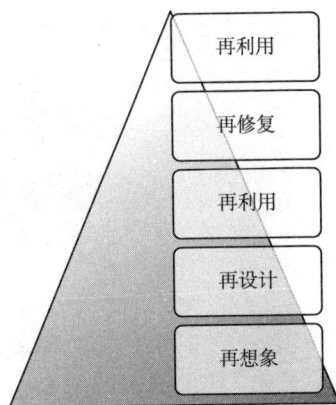

图 3.6　闭环模式

（Design for Recycling，D4R）和"在设计中使用回收成分（Recycling in Design，

RiD)"。在 D4R 中，通过轻微改变设计方案来解决回收的瓶颈。例如，牛仔裤上可以使用袖扣等可拆卸的纽扣；材料成分和护理说明可以打印在口袋里来达到持久的效果。RiD 的一个例子是 G-Star 品牌在牛仔裤的生产中使用再生纤维，接缝是用胶水黏合的，而不是用缝纫线缝合，这为机械回收清除了很多障碍。

3.3.3 牛仔裤的升级再利用

升级再利用一词是指将副产品、不需要的产品或废弃物转变为质量更优或具有更高环境价值的新材料或产品。当产品被分解或拆卸时，它们就丧失了本身的价值，由于后续的回收过程，材料的质量可能会以某一种方式被降低。与原始材料相比，它们会被评级为二级或三级，通常被称为降级回收。这种再生过程可以得到更为清洁的回收材料，并且可以与其他材料混合用于新产品的开发。以 PET 瓶为原料生产聚酯纤维就是一个很好的降级回收的例子，但是这种方法得到的材料与原聚酯纤维相比，结构上稍有瑕疵，例如其强度和熔点降低。技术的进步给塑料行业和回收进程带来了一些帮助，可以利用高温和化学气相沉积或用电子束剂量为 150kGy 的聚合物处理废塑料，将废塑料转变成顺磁性导电微球或碳纳米颗粒，以增大塑料的弯曲刚度和弹性（Mondal et al.，2013；Altalhi et al.，2013）。图 3.7 为一些由回收牛仔裤改造而成的新产品。

图 3.7 牛仔裤的回收和再利用

很多产品由具有审美和技术才能的创意设计师制造出来。手工编织的棉布和牛仔地毯、桌垫、特色地毯或门垫都可以编织成可水洗的机干产品。手工缝制的毯子、枕套、靠垫套、艺术品、壁挂、壶架、手提袋、人造珠宝、服装和配饰等不计其数的物品都可由牛仔裤回收改造而来（Lindzy，2016；Esty，2016）。升级改造技术为年轻设计师、创意艺术家、制造商和零售商开辟了许多新途径，已逐渐在许多国家进行。这一概念正在全球蔓延，人们试图创造出具有可持续性形象的产品。

3.3.4　牛仔裤回收的制约因素

收集和整理破旧的牛仔裤既费时又费力。不同成分含量的牛仔面料是需要先进行分拣的，并且磨损的标签在分类时也会带来问题。一些基本的测试可以确定牛仔面料的成分，如纯棉或混纺织物。目前，许多零售商在顾客退换旧衣服时会给予其购买新衣服的折扣，这样就能回收破旧的衣服而不是将它们扔进垃圾桶。标签、铆钉和拉链等金属部件、纽扣和皮革补丁等必须手工从牛仔裤上取下，然后将其送去销毁。在劳动力低廉的印度，推进这个过程并不需要很高的成本，但在其他劳动力昂贵的国家，就变得十分困难了。在多数情况下，金属和皮革零件会被移除，但标签不易移除。通常，标签的混入会污染回收的牛仔面料，因为它通常是由其他材料制成的，后续的染色过程会很困难。如果在送去回收的牛仔裤中包含金属零件，就可能会给机器和工艺带来问题。与牛仔面料相比，金属零件较重，可通过重力作用将其分离（Science Quest，2016）。

如图 3.8 所示，牛仔面料在缝合处会有布料重叠（LSc - lapped seams）（Study Blue，2013），接缝处比较厚实，在粉碎和梳理时会出现一些问题。这些接缝的缝合可以保证牛仔裤的质量。少量的莱卡也会被添加到牛仔裤中，可以为穿着者带来延伸舒适感。在切割和粉碎牛仔裤之前最好先将莱卡分离，但这只能通过化学回收的方式去除。当不同颜色的牛仔裤一

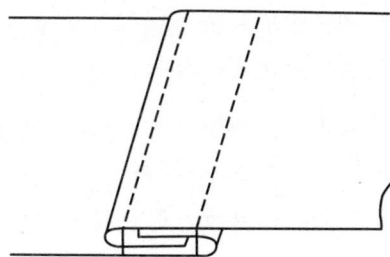

图 3.8　重叠的接缝（LSc）

起回收时，合成的纱线常是多色混合的，在染色时就会产生问题。如果过度染色会导致颜色不均匀，并可能影响成品。颜色可以通过漂白去除，但由于会产生废水，

因此这种做法是不可持续的，而且漂白还会降低再生纤维的强度和长度。

3.3.5 牛仔废弃织物的回收方法

3.3.5.1 牛仔废弃织物的机械回收

服装生产是将面料切割成不同的部件，然后组合成立体的服装。据估计，裁剪成衣服的面料中有15%~30%的面料最终会成为碎布和碎屑。只有小部分的废弃面料能够转换成绝缘材料或非织造布垫子，剩下的废弃面料将被送往垃圾填埋场。据报道，每年约有2亿镑的废牛仔棉布被焚烧或掩埋。其实这种再生纤维可用于生产开发非织造布原料，因为牛仔棉布是一种结实的材料，紧实的编织结构，使它坚固耐用。传统的牛仔面料很难拆解，会残留大量未开松的棉线、纤维丛和棉结；其中短纤维比例更高，因此难以通过水力缠结法转化为非织造布。传统工艺包括纤维的干法或湿法铺设纤维，然后利用水刺工艺制作。

金属部件、标签和皮革应先从牛仔裤上去除并切碎。机械回收包括通过开线或切割、切碎、梳理或其他工序的组织纤维分离化方法来分解牛仔织物。棉、羊毛和芳纶织物均属于这一类，并且获得的纤维将会重新被设计为增值产品。

梳理的主要目的是将纤维簇分离成单独的纤维，平铺以生产纤维网。纤维的分离是通过机械作用来实现的，即纤维被一个针面握持，而另一个针面将纤维簇梳理成单独的纤维。针布由嵌在厚布或金属底座上的梳针、金属丝或细金属齿组成，覆盖在一个大的旋转金属圆筒（锡林）上。圆柱体部分被带有大量铁板的环形带环绕。交替工作辊和剥离辊覆盖在罗拉盖板梳理机的滚筒（锡林）顶部。图3.9显示了梳理机组成和梳理操作（Voncina，2000）。

刺辊将进入的纤维打成小簇，然后将其喂入锡林中。锡林和滚筒表面针布上的针方向相反，速度不同，可以将纤维拉扯分解。单根纤维的分离发生在工作辊和锡林之间，而剥离辊则将较大的毛簇从工作辊上剥离并将它们重新沉积在圆筒上。这一系列操作使纤维在锡林针面下方形成一层网。再加工后的纤维被转化为用于机织和针织织物制造的纱线，或用于家用或产业用非织造材料。经过重新设计的产品最终将满足建筑、汽车、航空和国防等不同行业设定的要求和标准。

在很多回收研究中，高比例（50%）的原纤维或不可降解的合成纤维被用于生产低质量、高成本的纱线和织物。当原纤助剂用量较大时，由于颜色被稀释，必须

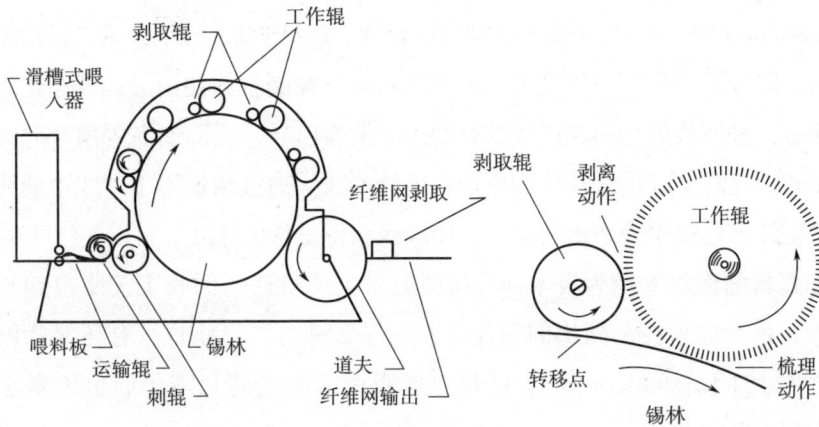

图 3.9　梳理机组成和梳理操作（Voncina，2000）

进行染色。合成纤维混纺时，必须进行载体染色，以确保控制染色增加的成本。其次，用于固定短纤维的黏合剂，如聚酰胺—环氧氯丙烷、乙烯—醋酸乙烯酯（EVA）和乳胶等的使用比例从 0.1% 到 10% 不等。这导致其表面不具备无菌性和高吸收率，限制了其在工业抹布、地毯衬底或干燥材料中的应用。

改进的回收技术正在被用来解决与机械牛仔面料回收有关的所有问题，并可开发出质量更好的终端产品。将废棉牛仔面料裁切至所需尺寸，然后这些切割材料经过一系列带针齿的旋转的滚筒形成一层纤维网。滚筒表面固定了许多切割针齿，针齿的切削角度可以根据纤维的强度和厚度进行调整以增大或减小切削作用。然后再用蒸汽和酶除去纤维网表面的添加剂和细菌。

纤维均衡化工艺让开松的纤维均以优选的方向成网。从旋转针布或有针齿的圆筒上开松后的纤维飘浮在空中，由斩刀清洁后收集到凝聚装置中形成圈条。纤维均衡化工艺程根据纤维的长短、重量或组成成分将纤维分离成不同的批次。从而制造商能够选择所需的已知特性的纤维批次来作为所需最终产品的原材料。该工艺过程是在清棉机的帮助下进行的，也可以通过其他方式从不同的棉包中分层，然后将它们依次合并，得到所需的混合料。这些纤维被送到下一道工序，进行干油基润滑剂的热雾处理，以便软化和开解纤维，然后进行拉伸和梳理过程。经过上油和拉伸后的纤维按照一定的方向取向并被送往下一道工序进行水刺。交叉铺网后的纤维网拥有更好的强度和吸水性，并可层压或在其表面涂覆一层聚氨酯屏障，使其无菌，适合医疗应用（Hirsh，2002）。

Texperium（NL）的成纤机每小时可以处理200~1500kg纤维，可以根据需要控制该机器的针辊以及压缩压力的设置。该系统由空气控制，并使用过滤器净化空气。切碎和打开后，被回收的物料将通过带有细齿的机器引导，去除所有碎屑和碎片，使纤维适合纺丝。此时，纤维被转化为质量较低的纱线。通过增加再生纱线中的股数，并与优质初生纤维通过尘笼纺进行混纺，使纱线获得更佳的捻度，可以使纱线更坚固。

牛仔面料的回收利用为技术和经济研究带来了机遇。回收工艺所得到的材料称为再生棉，可与原棉按不同比例混合作为牛仔面料生产的原料。有环保意识的顾客被牛仔裤再生牛仔裤（R-jeans）的概念所吸引，制造商和零售商也预测这些产品的吸引力将会越来越大（Kobori，2015）。

据报道，从牛仔面料的废料中可提取40%~100%的再生纤维用于制造牛仔类的服装。图3.10显示了从牛仔面料的废料中获得再生纤维和纱线的工艺流程（Ball et al.，1994）。废料先被切割成5.08~15.24cm（2~6英寸）的小块，然后进行酶处理，加入由国际生物合成公司（International Bio Synthetics）生产的1%~2% Rapidase XL，在60℃下酶解15min，将淀粉转化为糖，随后进行漂洗。干燥后的棉屑通过装有钢钉的高速滚筒，将织物扯散成小块或小束，使其进入纤维状态，模拟成捆的初生棉纤维。这个过程被称为扯松。扯松后的纤维长度在1~1.5cm（0.4~0.6英寸）之间。在这一阶段可加入润滑剂以减小纤维之间的摩擦，然后进行开松和清洗过程。纤维穿过带有输送带的低张力梳棉机被转换成棉条，并通过自由端纺纱成37~148tex（4~16英支）的纱线，过程中可以加入原纤维，以得到质量较好的纱线。这些纱线可用作纬纱，织入用于服装的织物中。染色可在纱线、织物或服装阶段进行，以获得均匀的颜色。所生产的织物具有适合消费者使用的强度和性能。

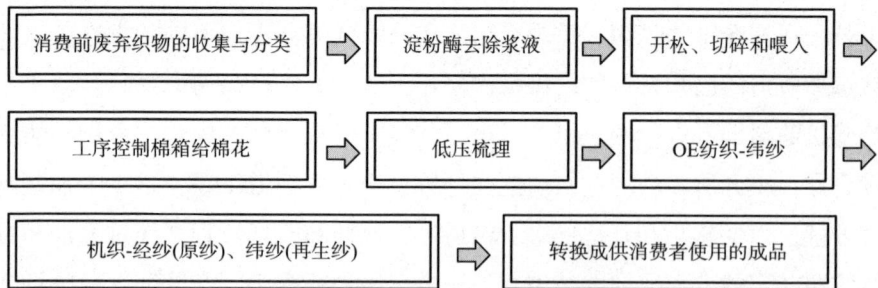

消费前废弃织物的收集与分类 ⇨ 淀粉酶去除浆液 ⇨ 开松、切碎和喂入 ⇨

工序控制棉箱给棉花 ⇨ 低压梳理 ⇨ OE纺织-纬纱 ⇨

机织-经纱(原纱)、纬纱(再生纱) ⇨ 转换成供消费者使用的成品

图3.10 回收纤维的再生产工艺流程

3.3.5.2　牛仔废弃织物的化学回收

长期以来，洗涤水一直是纺织加工业的一个问题，因为它含有很高比例的化学物质，可以回收和再利用。经过专业滤水公司 Dystar 与 LoopTEC 工厂的共同努力，实现了印染、洗涤、丝光后废水的循环利用。

LoopTEC 的回收流程包括洗涤水的清洗、靛蓝染料回收的染色槽溢流，然后清洗被污染的靛蓝染料，并进行回收再利用。该公司报告称，废水回收率为99%，靛蓝染料回收率为99.99%，盐回收率为96%，靛蓝浓度的回收率可达10%。所述染液经净化后可除去硫颗粒及杂质，清洗后可重复使用。该工艺节省了85%的水，这些水是通过废水回收获得的。pH 为 14 的烧碱溶液可以被清洗和回收（Dystar，2016）。图 3.11 显示了整个回收过程中回收靛蓝染料、洗涤水和盐的三个阶段，这使得废水的负荷和数量减少，更容易实现废水对环境的零排放。

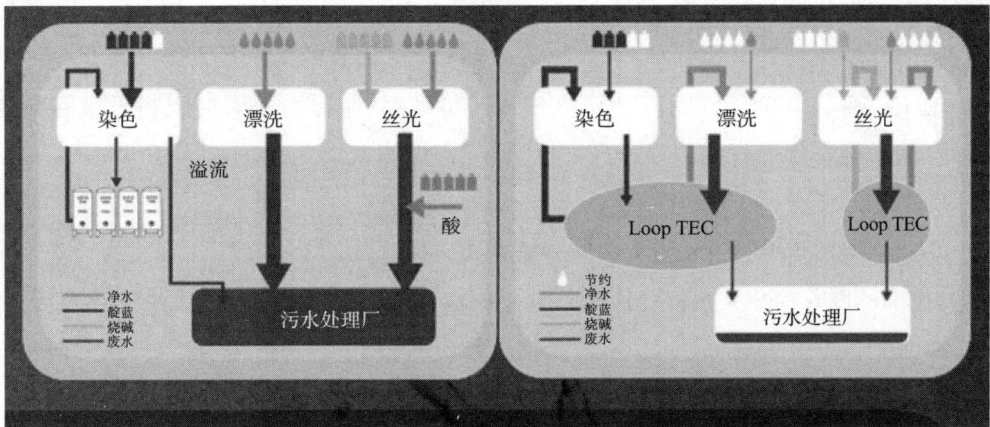

(a) 无-Loop TEC回收工艺　　　　　　　　(b) Loop TEC回收工艺

图 3.11　回收再利用的流程（Dystar，2016）

回收的方式有很多种，选择正确的回收技术非常重要。自然界中存在许多循环利用的科学，从中可以获得产品循环利用的灵感。在当今这个"一次性"观念流行的社会中，扔掉东西较容易，但当人们学会修理东西时，也就掌握了回收利用的艺术。大部分人着手回收利用的小开端，最终可以给环境和社会带来巨大的好处。随着人口增加和资源的大量消耗，自然的化学和生物循环过程也变得缓慢，人们必须与自然携手合作，学会重复使用和循环利用，将一样东西变成另一样东西，这就是回收的魅力。

3.4 牛仔废弃织物回收的商业逻辑

垃圾填埋空间的减少和成本的增加是全球关注的环境问题。减少消费者层面的废弃物产生是解决问题的主要手段，可以通过价格激励或旧物回收加以鼓励。人们在消费者层面对价格弹性和废弃物处理进行了大量的研究，并强调了负价格弹性，表明一个家庭支付的废弃物处理价格与该家庭处理的废弃物量之间存在反比关系。据估计，在回收材料的销售和通过回收节约的成本方面，具有80%回收率的项目是可行的，可以产生正的净收入。在当地条件下回收废弃物的成本比原材料的成本低，似乎符合那些渴望廉价资源的国家的胃口。在全球市场上，中国已成为最大的可回收材料进口国之一，并将这些材料转化为消费品和包装，在欧美等国家再制成带有可回收标签的产品（The Economist，2007）。

美国环境保护署（EPA）报告称，2012年美国回收的纺织品占14.33亿吨城市垃圾的15.7%，其余部分则被丢弃（EPA，2014）。尽管牛仔面料废料已被转化为多种产品，但每年仍有约7000万磅的牛仔废弃织物被送至垃圾填埋场（McCurry et al.，1996）。

不适合重复使用的服装通常会被分解为原材料，以备下次使用。瑞典的一些公司使用100%的回收棉开发服装，从而打开了回收市场。回收纤维与原始纤维的质量和价格相匹配，证明回收的下一个阶段是闭环或循环纺织品。有一些激励措施会鼓励消费者退回不需要的衣服，在他们在购买新产品的时候可以换取一定的折扣（ACP&I，2016）。大量研究清楚地表明消费者对牛仔裤的执着。牛仔裤真正的美和它的价值往往是在长期使用后才被发现。有一种个人关系是通过对穿着产品的人的欣赏而建立起来的。危地马拉的玛雅织布工将废弃的牛仔裤上绣上或编织图案用于美化和修复，从而让产品面向不同的消费者。这种独特而新颖的触感将为废弃牛仔裤带来不同的外观，也为许多织布工提供生计。在那里，技艺在服装中的运用受到了高度的赞赏，这为废弃牛仔裤开拓最终的用途和站稳市场铺平了道路（Venngoor，2016）。

3.4.1 大力发展循环经济

零售商扩大了租赁或临时所有权的概念，以保留原材料的所有权，而消费者不断地以适中的成本更换他们的衣柜。荷兰服装公司 Mud Jeans 从 2013 年就开始向消费者租赁牛仔裤，为期至少一年，并收取年费。退还牛仔裤后，公司进行必要的清洁和修复，然后提供给其他有需求的客户使用。

被丢弃的衣服通常会被修复，然后作为二手衣服运到欠发达国家进行转售。这种趋势正在缓慢推行，领先的零售商在其商店中开展二手服装计划，并开辟出"旧衣物"区域将这些旧衣商品出售给新的客户。

彪马（Puma）、American Eagle Outfitters 等零售商与瑞士回收与再利用公司 I：CO 开展了合作。退回旧服装的客户可以享受将来购买新衣服时的折扣，退回的商品由回收与利用公司通过各个回收点进行回收。捐赠收集的物品用于再利用、维修或回收，既节省了资源，又有助于建立闭环生产系统。Madewell 和"Blue Jeans go green"计划携手合作回收破旧的牛仔裤。一辆装满牛仔裤的老式卡车或两辆载有 40000 条牛仔裤的自行车可为纽约市的 40 户房屋提供隔热保护。这些车辆绕着城市收集旧牛仔裤，然后将它们送回 96 个商店中的任何一个。一座房屋建设隔离层总共需要 500~1000 条牛仔裤。当顾客重新购买一条新的牛仔裤时，他们还将获得 20 美元的折扣（Madewell，2015，2016）。

为回收再利用而设计是当今的流行趋势，为便于修复而进行设计是在经济中延长产品生命周期的方式。某些品牌非常了解其产品，并很容易地确定容易磨损和撕裂的区域。该产品经过精心设计，消费者可以轻松更改特定零件，从而方便地更换它们。一个简单的例子，在牛仔夹克门襟内侧添加额外的纽扣，可便于在磨损后更换；购买服装时，皮革补丁也在商店出售，并将其添加到可见磨损的区域。但是，这种现象非常罕见，因为可见磨损的迹象是牛仔裤破旧外观和风格的一部分。李维·斯特劳斯通过出售男装品牌 Dockers Wellthread 系列建立了持久的合作关系，该品牌的扣眼和口袋经过特殊加固，可以使用更久，并可回收利用。

3.4.2　牛仔裤的可持续性评价

产品的制造取决于全球供应链。很多组织都选择在成本低且工作环境相对较差的地方生产产品。通过英国道德贸易组织（Ethical Trading Initiative）和公平劳工协会（Fair Labor Association）等机构的认证可以使工厂的生产系统可以透明地进行审查。

道德贸易组织协助消费者选择那些基于可持续制造、社会责任和商业道德的环保产品。产品评估基于三个总体领域：人、动物和环境。在对牛仔裤的道德性质进

行评级时，图 3.12 和图 3.13 给出了牛仔裤的评判标准和对不同品牌的评级。回收
和废弃物管理方面是环境报告中非常重要的部分，其中做得最好的品牌之一是道德
指数得分为 77 分的 Calvin Klein、Easy 和 Falmer，评为中级 73 分的有 Amazing Jeans
和 Lee Cooper，还有 64 分的 Diesel 和 DKNY，而 Lee、Levi's 和 Wrangler 处于最后
一类，得分为 55 分。2005 年，公平贸易基金会（Fairtrade Foundation）推出了经认
证的棉花，这种由公平贸易棉制成的产品需求量很大。同样，该基金会将发布公平
贸易牛仔裤，以造福消费者。

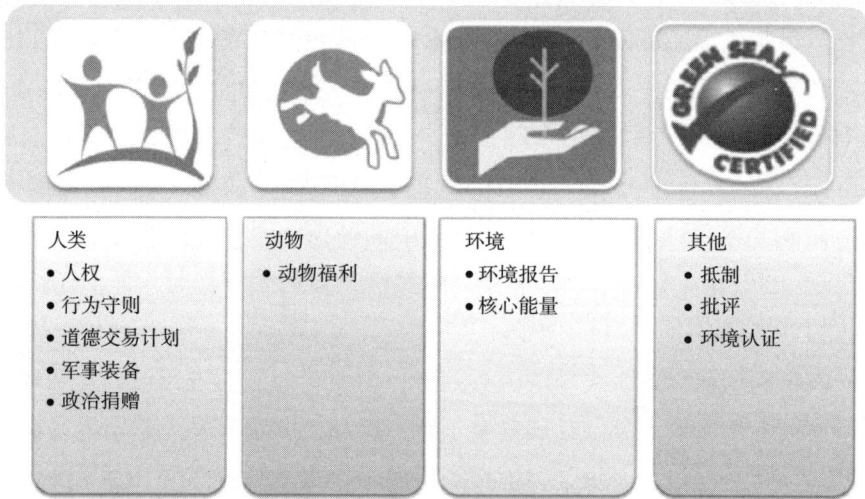

人类
• 人权
• 行为守则
• 道德交易计划
• 军事装备
• 政治捐赠

动物
• 动物福利

环境
• 环境报告
• 核心能量

其他
• 抵制
• 批评
• 环境认证

图 3.12　道德指数评判标准

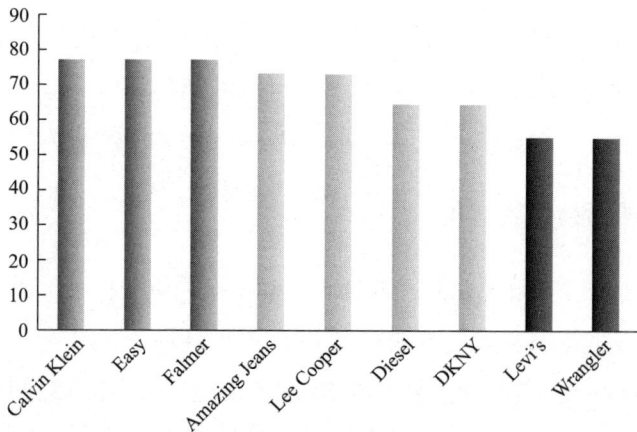

图 3.13　牛仔裤道德指数排名（ECO，2014）

3.4.3　牛仔废弃织物的回收案例

3.4.3.1　G-Star：RAW 项目

世界上最大的垃圾填埋场就是海洋，海洋中的塑料含量是海洋生物的 6 倍。这些塑料是不可降解的，它们会在环境中保留数百年，然后成为化石。人们将来自海洋的塑料演变为一个合作项目"海洋中的原料"（RAW for the Oceans），该项目从海洋的岸边回收塑料，将其转变为可回收的牛仔面料（William，2016）。每天有 13000~15000 件塑料被倒入海洋，全球范围内每年就有 640 万吨（Ocean Crusaders，2016）。由于洋流的影响，塑料聚集在五个大洋中，其中包含数以百万计的塑料碎片，海洋生物沿着这些碎片繁衍生息。回收项目的第一步是从海洋沿岸收集塑料污染，这成为一个巨大的原材料来源，并且在制造过程中减少了数百万吨原始塑料的使用，也减少了对环境的污染。回收的海洋塑料被粉碎成碎片，切成纤维并准备纺丝。海洋塑料纤维被纺成带有棉皮的强芯纱，形成了仿生纱。G-Star 将这种纱线供应给针织行业的纺织厂，将其转化为海洋原料织物。卡拉奇的 Milliners 艺术女帽店正在使用 G-Star 提供的仿生纱，并成功将其转化为牛仔海洋面料（Apparel Resources，2015）（图 3.14）。

(a) 废塑料收集　　　(b) 塑料粉碎　　　(c) 再生塑料纺丝　　　(d) 机织或针织　　　(e) 牛仔裤系列服装

图 3.14　从海洋塑料垃圾中开发可回收牛仔面料（William，2016）

塑料瓶回收的经济效益非常显著。2005 年，美国回收了 33 亿磅的消费后塑料，避免了其最终进入垃圾填埋场。塑料回收行业为 52000 多名美国工人提供了就业机会。5 个 PET 瓶产生的纤维足够用于生产一件特大 T 恤或 $0.09m^2$ 大小的地毯，或者产生足够的纤维用于填充量滑雪夹克。据美国国家回收联合会（National Recycling Coalition）估计，如果每周回收 10000000 个 PET 塑料瓶，那么每年就有足够的回收纤维来生产 1.04 亿件 T 恤（National Recycling

Coalition，2007）。

3.4.3.2　Iris：Denimite 新材料项目

Denimite 是一种新材料，它是由美国东北部 Iris 公司回收的牛仔废弃织物制成的。将牛仔布压制成片用于进一步的加工，例如，切割、胶合和打磨，或者制成定制模具，其中包括钱包、饮料杯垫或戒指等产品。环保树脂由 Entropy Resins 提供，而牛仔废弃织物作为原材料由 Bonded Logic 提供。该公司发布了一段视频，展示了 Denimite 材料的强度，该视频中一小块产品被重 73kg（161 磅）的铁块反复撞击；与此同时，铁块也同时悬挂在 Denimite 产品上（Baker，2013）。未来新的生物复合材料将替代效率较低的材料，该公司计划将 Denimite 的应用范围扩大到台面、瓷砖、消费品和汽车领域的应用中。

3.4.3.3　Levi Strauss：利用循环水制造牛仔裤项目

牛仔裤制造过程中大量的水足迹造成了很高的污染。据报道，中国 17%～20% 的污染归因于纺织工业。2014 年，李维斯公司（Levi Strauss&Co.）在中国的工厂推出了一种利用循环水生产牛仔裤的新方法。该方法使用微滤系统，将废水通过特殊的多孔膜从工艺液体中分离出微生物和悬浮颗粒（Erdumlu et al.，2012）。李维斯公司表示，利用此项技术，他们一个季度节省了 12000000L 水，相当于填补了五个奥林匹克运动会规格的游泳池（Badore，2014）（图 3.15）。根据 EPA 和 WHO 的建议，李维斯为供应商创建了新的水标准。后整理是牛仔裤生产中最重要的部分，而水是关键元素。李维斯已表现出对环境的关注，并计划将该系统带到其所有供应商行业，以节省最宝贵的水资源。除了 2013 年的这些努力外，李维斯还使用了 18850 条捐赠的牛仔裤来覆盖李维斯的体育场，并将其命名为"牛仔裤之地"（Yu，2014）。当公司对旧金山总部进行改造时，建筑物的绝缘材料是采用可回收的牛仔绝缘材料制成的，从而延长了产品的使用寿命。

3.4.3.4　Bonded Logic：绝缘牛仔面料 UltraTouch 项目

消费后的可回收牛仔织物被切碎，用于制造绝缘材料 UltraTouch，其防火等级为 A 级，且具有出色的隔热和隔音性能。回收的纤维用天然生物抑制剂处理并进行快速干燥，以防止细菌和真菌的生长。隔离材料的结构具有微小的气泡，通过捕获空气来隔热，并削弱声波。这种设计赢得了多项荣誉，因为对人类和环境都是安全的。此外，该产品是 100% 可回收的，并且可以二次重复使用。节约能源和减少垃

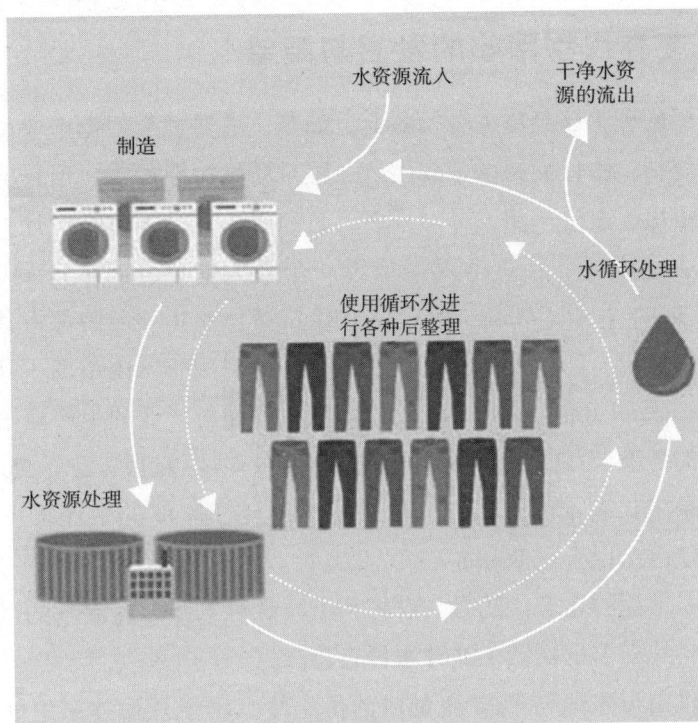

图 3. 15　Levi Strauss 用循环水制造牛仔裤（Baker，2013）

垃填埋是该项目的关键要素。据美国能源部估计，空间供暖和制冷消耗的能源约占家庭总能源消耗的 44%，选择正确的保温材料可以节省 10% ~ 30% 的能源费用（Green Home Guide，2009）。因此，该项目可以通过多种节约和循环利用的努力来回馈环境和社会。

　　研究已经采纳了许多案例，最终将重点放在了通过回收技术节省成本上。对所有流程和程序稍加注意即可以给回收再利用带来新的面貌。如果把教育、公平和减少消费结合起来，世界经济将更加受到尊重，对环境的危害也会更小。回收利用方面的创新研究将使我们更加关注回收利用的方法和经济性。世界各国都在为回收利用提供补贴，但也许我们应该以超越的眼光和超前的行动朝着新的方向发展——零浪费经济。

3.5　牛仔废弃织物回收的发展与展望

可持续发展的理念已经渗入各行各业。如今，消费者会根据企业可持续发展能力对产品进行评估。牛仔面料的常规生产过程对环境污染严重，但目前它已朝着生态友好的方向迈出了重要一步，并对许多工艺和产品进行了重新设计，以减少对环境和社会的危害。印度已经逐渐发展成为一个强大的牛仔布或产品的采购基地。Levi's、GAP、Zara、Next、Mango 和 Calvin Klein 等所有主要品牌都将其牛仔裤采购基地转移到孟加拉国。印度生产的近75%的牛仔面料用于国内市场，其余的则出口到孟加拉国（Apparel Resources，2015）。印度牛仔面料产业的生产涵盖从有机棉到再生牛仔面料的各种产品。Technopak Advisors 的一项研究报告称，到 2015 年，牛仔裤将从 3 亿条增长到 5.5 亿~6 亿条。到 2017 年，印度的牛仔市场需求翻了一番，达到 130 亿卢比以上（Denim Club，2014）。这可能是因为年轻一代的印度人对牛仔裤有着非常深的迷恋。同时，农村和小城镇对牛仔面料需求的增长以及工作场所对这种面料的需求也推动了这种增长趋势。

G-Star 提供由再生塑料 PET 瓶制成的仿生纱，用于开发独家牛仔纺织品的原材料。巴西的 Vicunha 声称由于他们所有的废弃物都被再利用或回收，因此实现了零填埋。Levi Strauss 引入了新的水循环利用标准，该标准通过服装生产的某些方面使用100%的循环水来减少对淡水资源的影响。Peter England 还推出了多种可持续使用的非靛蓝底布，经过处理可制成牛仔面料的外观。未来牛仔面料生产流程和产品的可持续性将是影响这个行业发展的主要问题。

3.5.1　牛仔面辅料生产可持续发展的新趋势

当基础原料与可持续性纤维混纺且生产过程耗水量少和化学添加剂少时，牛仔面料就被认为是"绿色"的材料。根据纤维纺制的环境标准，天丝和有机棉均属于B 类（Made-By，2016），在可持续服装联盟（Sustainable Apparel Coalition，SAC）的材料可持续性指数（Matrial Sustainability Index，MSI）中，天丝是纤维素纤维中最高的。由45%天丝制成的一种名为 Suave 的面料被认为是绿色的，且正在用于生产牛仔裤（Lenzing，2011）。

伊斯坦布尔的卡萨夫皮革厂开发了收缩率为3%~5%的"零铬"耐洗皮

革，有 900 多种颜色可供选择。创新的工艺利用了有机鞣剂，该鞣剂在生产的皮革和废水中均不含重金属。与传统的鞣制方法相比，天然鞣剂和添加剂可在无菌环境中工作，并消耗更少的时间和能源（Kasiv Leather Label，2016）。该厂还利用皮革加工过程和制革厂的废弃物生产再生皮革，并将它们通过黏合剂黏合转变为复合材料。皮革的碎料经过粉碎和切割后，再与树脂结合，形成一种与皮革类似的产品，不仅具有与皮革类似的手感、重量和耐用性，而且对环境的影响也较小。由于该过程不含化学物质，因此最终产品的固色性可能稍显逊色。

亚特兰大的 YKK 利用环保工艺，展示了其产品的可持续性。像盐和石头这样的天然材料与热的结合已经取代了电镀过程。因为化学物质的大量减少，他们的每个产品都具有独特的自然外观，这反而成为他们环保的标志。YKK 产品的常规阳极氧化铝涂层已由满足 AAMA 612 阳极涂层标准的阳极氧化 Plus® 涂层替代，如图 3.16 所示。常规的阳极氧化铝涂层经过热水或蒸汽密封处理，覆盖了产品的每个孔。阳极层可防止表面的沾污和整体降解。电沉积涂层可完全密封孔并保护其免于降解。

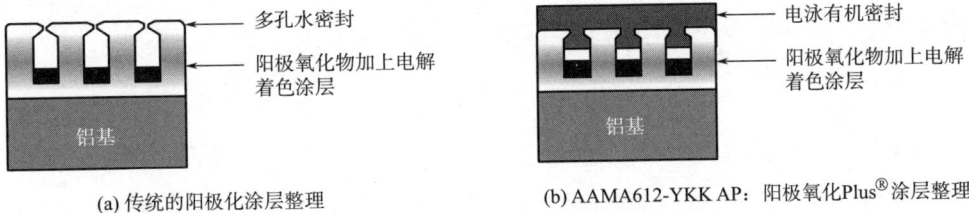

(a) 传统的阳极化涂层整理　　　　　(b) AAMA612-YKK AP：阳极氧化Plus®涂层整理

图 3.16　YKK 可持续的后整理（2016）

Metalbottoni B 20 是纽扣和配件方面的专家，现已经开发出四种独特的样式：Monster、No Impact Buttons、Labora 和 Gummix。其中 No Impact Buttons 和配件是由天然材料和纤维制成的，生产过程也是完全可持续的。

Arvind 有限公司在本土牛仔布生产领域取得了两项有趣的成果。Khadi 牛仔面料是一种全手工制作的产品，包括手工纺纱，用天然靛蓝染成的手绞线，并用手工织机编织（Rao，2016），因此每件服装的排他性和自然的瑕疵都使其具有个人和艺术气息。Neo-cord 是灯芯绒的另一个新产品。来自阿尔温德的新款灯芯绒牛仔面料具有多种靛蓝色调，其独特之处在于每次清洗，颜色都会掉落一部分。这一特点使它们类似于牛仔裤，并已在当今成为一种流行趋势。

3.5.2 牛仔废弃物回收和再利用的案例研究

3.5.2.1 Lee——牛仔裤的回收和再利用

Lee 是享誉全球的服装品牌之一，于 1889 年在堪萨斯州成立。Lee 与非营利组织"A Hundred Hands"共同努力，从捐赠的牛仔裤中衍生出了各种各样的产品，表明了他们不仅对环境关注，还更加关心那些利用回收工艺创造产品的贫困群体。人们可以在班加罗尔、德里和孟买的商店捐赠破旧的牛仔裤，为有需要的人提供生存产品。此外，在工艺方面，他们的 e-CREATE 系列服装比传统工艺使用的水更少，并均以有机棉和塑料废弃物为原料进行生产。

Lee 使用回收咖啡渣作为纤维来源。作为可持续发展驱动力的一部分，悬挂在 Lee 在中国上海的旗舰店中的雕塑是用其牛仔运动新风尚中的工艺原材料制成的——5000 根天然棉、200 根棉线、50 袋咖啡豆和可回收咖啡渣以及 Lee 回收计划中的其他 20 种物品。Lee 最引人注目的服装是 Zipper Fly 牛仔裤、Union–all、Pressed Denim、Loco 夹克和 Jelt 牛仔衣等（Apparel Resources，2015），但目前以可持续发展为重点的创新是吸引顾客光顾他们商店的主要动力。

3.5.2.2 Mud Jeans——以租代买

Mud Jeans 首次提出了"牛仔裤回收计划"，通过这样以租代售的概念，取代牛仔裤使用后被回收的概念。消费者不用花费太多，就可以使自己的衣橱中永远都是新品，公司也可以重复利用和回收再利用产品，从而节约了原材料和资源。在其营销策略中，对客户的承诺已从"质量保证"转变为"回收保证"。消费者体验了共享循环经济（图 3.17），他们因自己参与回收过程和更大的分享制经济而感到荣幸和自豪。Mud Jeans 正在创新租赁有机牛仔裤的商业模式，以确保原材料供应的安

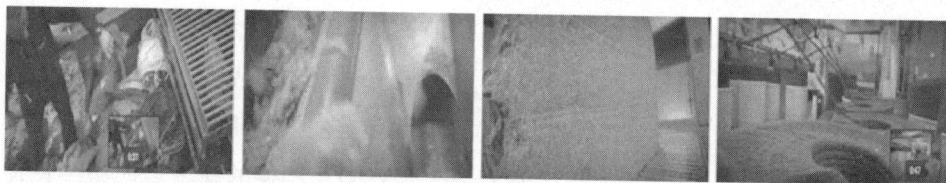

图 3.17 机械回收过程（Mud Jeans，2016a，b）

全性并研究新策略的可行性。

据估计，消费者有 30% 的服装被闲置一年以上。租用一条牛仔裤可以避免这种积聚，并且可以减轻消费者对自己喜新厌旧情绪的愧疚感。客户成为其会员并租用牛仔裤一年，在使用后，将根据自己的选择提供三种选择来保留、交换新的牛仔裤或退还牛仔裤。一条 Mud Jeans 的租赁方案如图 3.18 所示。这个策略不仅为公司节省了大量资金，而且抓牢了一批忠实的客户群体。

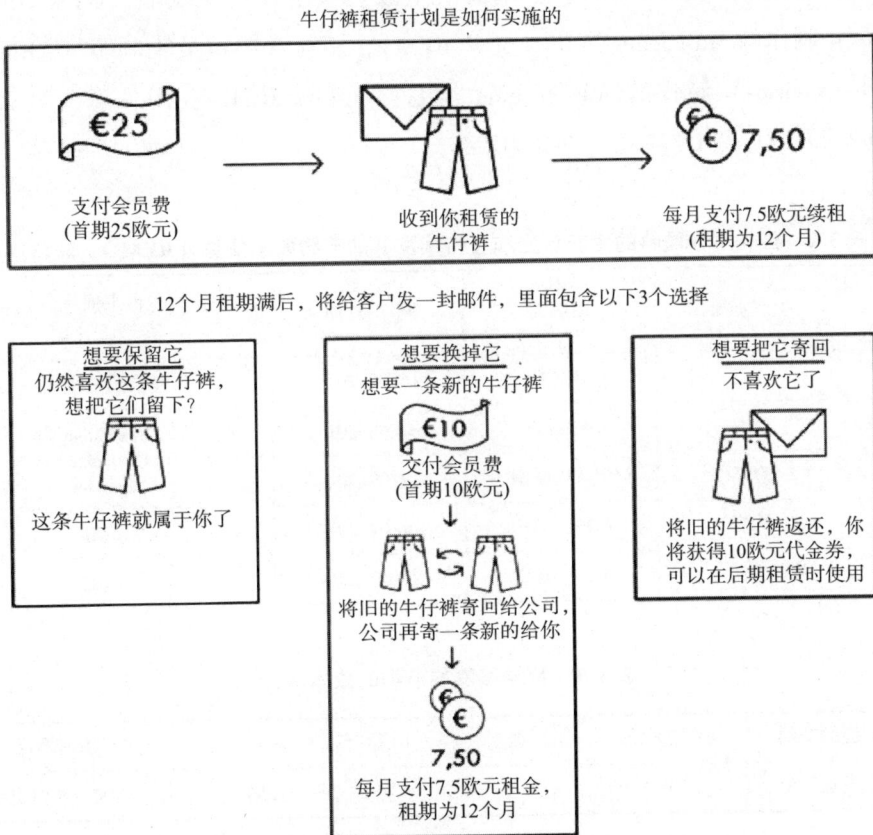

图 3.18　Mud Jeans 牛仔裤租赁计划流程（2016，a，b）

3.5.2.3　REMO——红光牛仔面料

REMO 生产了一种限量版的高品质牛仔裤被称为红光牛仔，这款牛仔面料的原料中有 18% 是再生的、消费后的牛仔面料，这些二次牛仔面料是从阿姆斯特丹收集的（REMO，2014）。在 REMO 数据库显示了其产品的来源、过去的历史、回收纤维的历程以及由此带来的费用节省。生产历史记录按不同的生产阶段记录了生产步骤、制造商、生产日期、再生纤维的比例（表3.2和表3.3）以及纤维组成（图3.19）。该标签提供了生产过程和红光牛仔产品的节省成本，通过互动式标签将每千克的二氧化碳排放量、能源和水节省量告知客户。回收再利用的概念很普遍，但是透明地显示回收内容的百分比和节省的具体过程无疑是非常有效和具有启发性的。其他产品包括用旧的荷兰军事服装"沙漠风暴行动"生产的运动衫（11% REM）和POLO衫（30% REM）；用荷兰皇家航空公司员工制服（KLM Air Crew Uniforms）制作的Mud Jeans围巾（60% REM）；用荷兰银行员工制服（ABN-AM-RO Staff Uniforms）制作的WE Fashion羊毛衫（49% REM）；用从意大利丢弃的PET瓶为UCI官员制作夹克（54% REM）。

表3.2　红光牛仔面料的生产历史和可持续发展的节约成本估算（REMO，2015）

编号	生产步骤	制造商	生产日期	再生棉与原棉的比例
1	收集	KICI	16/07/2014	消费后的棉布
2	分类	Wieland	07/08/2014	消费后的Amsterdam牌牛仔裤
3	粉碎	ROYO纺织	12/09/2014	纯原棉
4	纺纱	ROYO纺织	14/09/2014	18/82
5	织造	ROYO纺织	22/09/2014	18/82

表3.3　可持续发展节约的成本估计

环境方面的节约	CO_2/kg	能量/(kW·h)	水/L	参考产品
每千克	0.57	8.2	1255	100%纯棉织物

这里通过一些案例研究强调了牛仔布的回收再利用。当今的趋势是采取积极主动行动以消除制造和分销过程中的所有混乱局面。就牛仔布制造业而言，过度污染已经被证实，现在是制造商们寻找减少浪费的新方法，而不是寻找回收利用废弃物的方法了。已经产生的废弃物应该设法避免焚烧和填埋，而这一目标可以由预防废弃物产生和回收利用的思想和观念来代替。

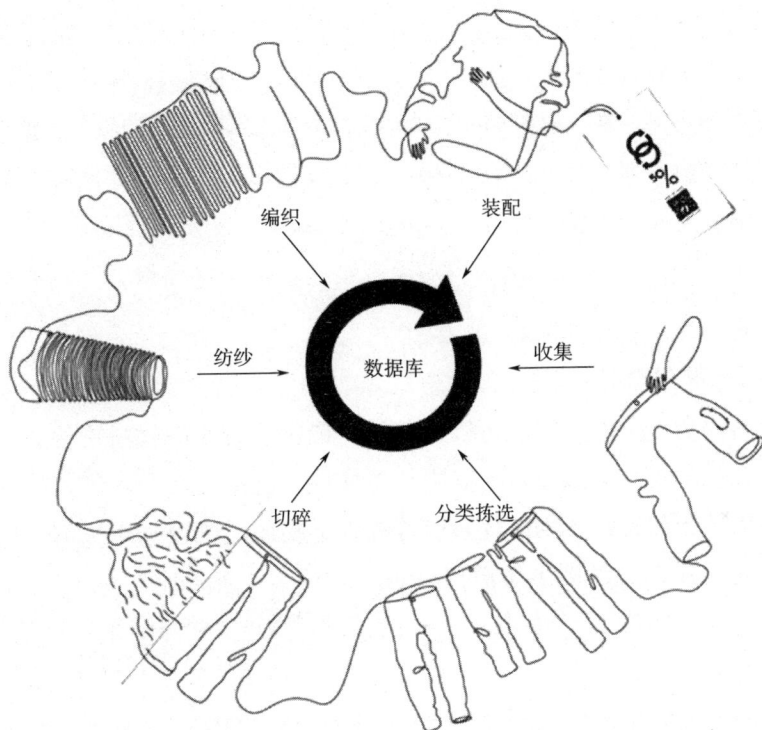

图 3.19　回收和再利用服装的生产阶段（REMO，2014）

3.6　牛仔废弃织物回收面临的机遇与挑战

为了应对激烈的商业市场竞争，目前所有行业都面临巨大挑战。由于当今消费者对牛仔裤的需求较大，导致生产和使用的牛仔裤数量庞大，牛仔裤生产带来的环境污染非常严重。牛仔面料回收再利用面临的最大挑战是，各个生产环节中的污染问题，如果能够减少污染，这将是为保护环境做出的巨大贡献。

3.6.1　降低牛仔废弃织物对环境的影响

"为了回收而进行设计"（design for recycling，DFR）的概念将可回收和可回收标准纳入设计阶段，以获得可回收的产品。可回收产品是由可回收材料制成的，而可回收产品的制造是为了在使用后或使用寿命结束后进行回收利用。可回收再利用设计最重要的要求是材料要单一、消除有毒物质、易于移除或交换的模块化制造、易于兼容的材料以及有助于回收的标签或代码。牛仔面料回收中的挑战是标签（皮革、醋酸纤维），金属零件（拉链、铆钉和纽扣）和厚接缝。纽扣可设计得像袖扣，即可以方便拆卸。保养说明可以印在口袋里面而不是制成标签，并且接缝可以用超声波机器或黏合剂来实现。服装中的漂白区域也可以用来印制标签。当前的流行趋势是舒适，外观具有高度舒适性的运动"休闲"服装（Lululemon）。这对于牛仔裤制造商来说是一个巨大的挑战，因为该服装不是牛仔面料，并且不会对环境造成负面影响。

3.6.1.1 原材料

从原材料的角度来看，棉花可以用其他环境影响较小的材料代替。有机农业的关键是从富含化学物质的农业转向以生物多样性为基础的农业。这些技术包括在同一块土地上用堆肥和轮作作物来代替有害的化学物质、肥料和杀虫剂。这种耕作方式对土壤有益，并为农民提供了健康保证。2013 年，Esprit 与 Cotton Connect 和自雇妇女协会合作，创建了"Primark 可持续棉花计划"，并介绍了可持续耕作方法，以提高产量和收入。约有 1251 名女性农民接受了培训，其利润增加了 211%，这些利润用于福利计划和他们的家庭教育（Guang et al.，2013）。该计划鼓励组织者在未来几年内将这一培训规模继续扩大，预计再培训 10000 名女性农民。

有机棉已通过全球有机纺织品标准（global organic textile standard，GOTS）的认证，该组织为有机纤维制成的纺织品设定了加工标准。这使得生产过程可追溯且透明。使用有机棉花虽然价格更高，但它也确定了一个事实——我们关心我们的星球。有机棉的下一个替代品是转化棉。农民实行棉花常规种植转向有机种植的一般标准为三年。在这段时间内，这些土地上种植的棉花被称为转化棉花。三年后，这些农田中的棉花将被认证为有机棉（Walker，2007）。支持这些农民的制造商肯定会鼓励他们以有机的方式继续其耕作。如果扩大这种支持范围，有机种植的棉花将会更多，从而使土壤和农民都变得更加健康。

有机亚麻是由亚麻植物的纤维制成的亚麻，这种植物是在不使用农药或肥料的情况下生长的（Natural Environment，2008）。亚麻植物很敏感，并且很容易被杂草破坏。如今，亚麻由棉、麻和类似于亚麻的合成纤维制成，被称为"有机亚麻"。意大利的 Crespi 公司生产的有机亚麻或经环保认证的亚麻由有机纤维制成，且仅使用不含重金属的染料（Courtenay，2007）。中国的 Mikka Works 是一家面料和服装制造商，专门从事大麻/有机棉混纺，竹纤维、亚麻和大豆纤维的生产（Mikka-works，2016）。澳大利亚的有机亚麻已通过有机食品监管基金会（Stichiting SKAL Biocontrole）的认证（Skal，2016）。有机亚麻不仅透气，还可以调节体温。加拿大 Rawganique 公司生产不含人工合成化合物的有机亚麻、大麻和有机棉。有机亚麻已进入可持续服装领域，被认为是可能适合牛仔服装生产的原料。

Tencel 是由桉木浆制造的纤维素纤维。桉树植物无须灌溉和使用农药即可生长。Tencel 的制造是一个闭环过程，溶剂的回收再利用证明了该过程是一个环保、节水且经济的过程。

回收的原材料可以节约水、能源和减少温室气体的排放。服装生产产生了棉制尾料，它们可以成为回收棉纤维的资源。如果每个生产中心都可以回收尾料，那么肯定节省大量原材料，因为这可以减少原材料的购买。同样，通过回收废弃的尼龙织物和产品可以节约大量资金，因为原生尼龙的生产是能源密集型的，并且会排放大量的二氧化碳。回收的聚酯是从丢弃的 PET 瓶中获得的，否则这些 PET 瓶将进入垃圾填埋场。再生的纤维被赋予了第二次生命，这对保护未来的环境做出了巨大贡献。一项 LCA 审计中显示，与传统 T 恤生产相比，回收 T 恤生产可节省 75% 的水（Espirit，2016）。

3.6.1.2 制造替代品

Khadi 手工牛仔面料在印度首次亮相，就显示出人们对印度土布 Khadi 的崇拜与喜爱。设计师 Rajesh Prathap Singh 和 Arvind Mills 携手合作，创造了由手工纺纱和手工编织制成的手工 Khadi 牛仔裤。在 Lakme 时装周上，展示此产品时，100% 纯手工的口号喊得响亮而清晰。Khadi 蕴含着悠久的历史，并且它是一种具有印度特色的环保纺织品。牛仔服装制造商协会组织的一场服装秀展示了 Singh 和 11.11/e-leven eleven 创建的印度制造牛仔系列（Denim India Made Collection）。除了这些努力外，设计师 Deepika Govind 经过大量的研究和开发，于 2012 年推出了 Denim Green 系列。以有机棉为原料，在手摇织机上，使用天然靛蓝染色后的纱线进行手工纺织。该系列采用经典款式制成，经过茶树香熏漂洗或抗菌漂洗，并搭配银色纽扣，给产品增添了经典气息。工匠会为手工牛仔裤亲笔签名，并添加代码编号，以增加产品的个人价值，从而使其进入了利基市场。在投资公司的支持下，阿尔温德·米尔斯与许多手工艺人进行真诚的合作，这些手工艺人都是纺纱、染色和织造方面的专家，以培育这种手工印度牛仔面料的概念。这是一种慢时尚，并且也可成为一种生态友好型的天然产品。

笔者正在使用无水技术来减小对资源的影响。平均生产一条牛仔裤需要耗费42~45L 水，并且可能要经过 3~10 个洗涤周期。许多行业已对其工艺进行了改进，例如，使用干陶瓷石代替湿浮石，将多个循环组合成一个循环以节约用水。在 G2 概念下，大气被转化为等离子体，该等离子体是活性氧和臭氧分子的混合物。等离子可用于洗涤和做旧衣物。经过空气洗涤后，血浆被转化为净化空气并返回大气。G2 空气清洗机的容量为 50kg，每天可清洗 3000 条牛仔裤。据估计，该产品可节省67% 的能源和水，55% 的循环时间以及 85% 的化学用品（Vohra，2015）。

牛仔面料染色的另一个问题是使用含硫染料。染色后，约 50% 的染料在废水中造成水污染。含硫染料可以回收再利用，从而节省了成本并消除了污染。硫染色的洗涤水可以通过蒸发/过滤进行浓缩；可以通过少量添加化学物质和其他染料来重新使用它，以制成标准色或浅色的阴影；含硫染料可以用硫酸铜滴定，也可以加入还原剂使氧化还原电位 ORP 达到合理的水平，碱可以通过盐酸和甲醛的两个终点滴定法进行滴定（Mercer，2010）。廉价的缓冲液可用于固定 100% 的染料，从而减少了对染料的需求。冷染方法可节省能源、减少染料浪费并提高色牢度。

化学需氧量（COD）是用于牛仔面料染色的某些还原剂的副产品。二硫酸钠会产生很高的 COD，还会引起重金属污染。可以使用含有糖、糊精和糖蜜等无污染物质的热染色方法代替硫化钠还原剂，因为它们在高温和 pH11 时会分解，形成氢和醇，这些氢和醇会逸散到空气中。用硫化染料变黑染色后，应使其在空气中冷却以使其氧化，然后再用冷水洗涤以进一步氧化。最后的温水洗涤将去除碱和残留的还原剂。选择正确的方法可以节省水、染料和废水。

节水漂白技术在商业上是可行的，它可以带来一些例如低消耗水、不含化学物质、无化学整理等广告的出现。计算机驱动的激光技术可提供无浮石的局部磨损、晶须和图案。激光技术是精确且可重复的。但是，其设备昂贵，牛仔裤必须进行正确放置才能进行处理，并且一次只能应用一侧，这对局部工作非常有用，但是不适用于整体漂白。臭氧处理是产生复古外观的第二种方法。氧气（O_2）可转化为臭氧（O_3）。潮湿的牛仔裤要暴露在臭氧中，然后漂洗。臭氧可以在 3s 内清除污渍，并且可以在 15min 内漂白牛仔裤，这远低于化学和石洗方法。由于可以节省能源、化学药品、石头和水，因此这种可持续的漂白是可能的。此外，必须考虑臭氧的安全性问题，因为它会刺激眼睛、鼻子和喉咙（Keshan，2009）；这种气体会腐蚀金属、损坏塑料，还会使橡胶变硬而引起裂纹。暴露在臭氧中会导致生命死亡，因此必须采取一定的安全措施。美国职业安全与健康管理局（Occupational Safety and Health Administration，OSHA）标准规定，工人在 8h 内的臭氧暴露量为 0.1mg/kg（Bishop，2014）。报告称，臭氧处理可以减少 50% 的水、能源和资源的消耗。值得一提的技术是在制造过程中使用超声波技术。通过使用这种技术，可以使本地植物制成的天然纤维不着色。将天然纤维浸入高锰酸钠溶液中，然后进行超声波处理。氧化锰分子沉淀在纤维自然存在的纤维素腔中。这些分子与染料发生反应，将它们变成无色颗粒（Barker，2013）。实验表明，通过这种技术，染料分子可在几分钟内变成无色。这种技术也可以逆转，通过将纳米粒子直接置入纤维中而使染色过程实现"结构着色"。这些颜色不受紫外线影响，因此可能不会褪色。结构着色的概念也可以扩展到不可见。嵌入纳米粒子的服装可以折射光线，因此可达到隐身的效果，又被称为"复杂伪装"。

3.6.2　牛仔废弃织物的回收路线

人类正产生着数以万计的垃圾，并且每天都在增加。到 2100 年，垃圾产生量预计将超过 1100 万吨，比目前翻了三番。这些垃圾将对各国环境和财政水平造成严重后果。世界银行在 2012 年的报告中指出，到 2025 年，全球垃圾产生量将由每天的 350 万吨增加到 600 万吨，增长 70%；同样，到 2025 年，全球处理垃圾的成本将从每年 2050 亿美元增加到 3750 亿美元（World Bank，2013）。

尽管在牛仔裤生产的各个环节进行全面的可持续性排查将有助于发现并弥补这些不足。但是，牛仔裤回收的重点应该放在改变消费者的行为上，使回收服装成为一种规范和常态，并且必须考虑到产品生命周期的所有阶段。如果你只是把旧衣服送去回收这不能算作参与回收而仅是促进了回收过程。但如果零售商开始使用旧牛仔裤设计产品并在商店开设柜台来出售，那么他们已经开始更深入地参与回收过程。此外，对牛仔面料的回收应该向更深的层次发展，例如，进入回收链的第二层即供应产业链。

表 3.4 展示了对牛仔废弃织物回收路线。从设计、制造、使用和生命周期结束时的管理阶段提出了回收方面的建议。这些技巧和技术可以帮助设计师创造出可循环回收的设计，制造商采用清洁生产和闭环经济的方法，在使用阶段节约材料与成本，并在生命周期结束的管理阶段进行回收。只有利益相关者朝着"零浪费经济"

这一共同目标努力时，才能实现所有目标。这一目标有助于改变消费者的生活方式，并树立承担自然循环的态度，所有废弃的材料都将被设计成资源并用于下一组的新产品中。这可以通过设计和管理产品来实现，这些产品不仅可以避免浪费的产生以及大量垃圾带来的危害，还可以节省和重复利用资源。目前 Wellthread Pilot 的计划中，设计师可以 100% 利用可回收资源设计制作出高质量产品，而且这些产品还可以再次进行回收。

表 3.4　牛仔废弃织物的回收路线

为了更好地循环利用，贯穿产品的整个生命周期			
设计	制造	使用	产品周期结束
单一的材料 当地现有材料 环保材料 可回收的材料和资源 保护资源 设计回收环节	闭环制造 清洁生产 零排放零垃圾堆积 部分重复利用 内部回收/公共回收中心	高效资源利用 节约水资源 耐久性 少使用辅助产品 减少污染 通过回收扩大产品使用范围	产品可回收 产品易回收 材料再利用 产品易拆除 有毒物质安全处置
相关人员在回收链中的作用			
消费者	零售商	国家	全球
挑选有可回收材料的商品 回馈慈善 使用后送回商店，避免送至垃圾场 **制造商** 使用可回收材料 产品使用后制订回收计划 使用资源流程高效 内部设有回收厂以及负责回收的人员 保证供应链透明和回收程序的可追溯性 在取得营业执照的同时，提交产品最终管理计划和保证	鼓励消费者购买可回收产品 推出回收利用的广告以及活动宣传 回收产品并给予客户一定折扣 展示零售店的可持续发展特色 设立回收再利用的品牌大使	对可回收材料给予补贴 减少出售可回收产品的税收 健全回收政策 严厉打击污染产业 开设可回收中心 通过统计信息和数据展示回收水平 评估和检查回收的影响 在全国范围内设立回收研究中心 根据当前循环利用的需要，更新和修订法律法规	国际法保护国家远离不道德的制造业 制定发展中国家和不发达国家制造业和采购的全球标准 国家在全球范围内设立生产的最低要求标准 国际机构专门监测回收活动 通过举办国际研讨会和循环利用知识传播平台向不同国家分享研究经验和新技术
零废物经济			

对于制造商来说，更广泛的可持续发展目标都是创建支持循环经济的基础设施和技术。消费者主动退还衣服，建立了他们对环境的承诺。废弃物管理方法必须强调废弃物的预防，而不是最终解决这些废弃物的问题。"零浪费"应成为废弃物、堆填和焚化的经济替代方案，并为资源补充、商业前景和就业营造更广阔的空间。人们应该将长期以来产生和积累的废弃物当作现有的最大的资源加以利用。现在首要的任务是一方面采用零浪费经济的概念来减少浪费的产生，另一方面考虑处理掉目前积累的垃圾和废弃物。

3.7　结论

牛仔裤一直是每个时代的经典服装，在全球广泛流行，并且成为全世界人民的生命线。过去的历史一直延续到现在和未来，足以证明蓝色牛仔裤的特殊魅力。随着牛仔裤制造业向全球大部分人口供应产品，环境污染已急剧上升。人们应该更多地关心人类自己的问题，尤其是工作文化、生态环境、健康和安全，这对于人们实现美好的未来非常重要。研究表明，牛仔裤生产中的制造过程已经对人类环境造成危害，未来应该更加注重可持续制造和废弃物管理。文献已经证明，焚烧和垃圾填埋场等现有替代方式也对人类和环境有害。设计、制造和使用是新产品开发过程中的重要环节，而可持续的新产品开发已成为当今人们关注的焦点。

人类在试图遏制新的工业革命的步伐，这给人们提出了一个简单的问题："如果没有废弃物怎么办？"。正如 William McDough 所说："你不必过滤烟囱或水。取而代之的是，您将过滤器放在脑海中，设想并解决不存在的问题。"概念、哲学和方法论在人们周围的自然环境中都可以找到。所要做的就是选择正确的组合和最佳结果，以保护人类共同居住的星球的生态环境。人与自然之间的牢固联系将带来一个更美好的世界。包括牛仔裤在内的制造行业的循环利用和零浪费的循环经济是摆在眼前的长期目标，人们需要朝着实现这一目标迈进，以实现繁荣。

参考文献

ACP & I. (2016). Going green with blue jeans. http://bluejeansgogreen.org/. Accessed January 20,2016.

Ahtola, O. T. (1985). Hedonic and utilitarian aspects of consumer behaviour: An attitudinalper-spective. Advances in Consumer Research, 12, 7 - 10. http://www. acrwebsite. org/volumes/6348/volumes/v12/NA-12. Accessed April 19, 2016.

Altalhi, T. , Kumeria, T. , Santos, A. , & Losic, D. (2013). Synthesis of well-organised carbon-nanotube membranes from non-degradable plastic bags with tuneable molecular transport: To-wards nanotechnological recycling. Carbon, 63, 423-433. http://www. sciencedirect. com/sci-ence/article/pii/S0008622313006246. Accessed April 15, 2016.

Ancona, C. , Badaloni, C. , Mataloni, F. , Bolignano, A. , Bucci, A. , Cesaroni, G. , et al. (2015). Mortality and morbidity in a population exposed to multiple sources of air pollution: Aretro-spective cohort study using air dispersion models. Environmental Research, 137, 467-474. ht-tp://www. sciencedirect. com/science/article/pii/S0013935114004071. Accessed April 3, 2016.

Anonymous. (2016a). History of jeans. http://www. historyofjeans. com/jeans-facts/interest-ingfacts-about-jeans/. Accessed April 19, 2016.

Anonymous. (2016b). Jeans history-origin and invention. http://www. historyofjeans. com/. Accessed April 19, 2016.

Apparel Resources. (2015). Expanding application of denim increasing the scope of business. 6 December. http://market. apparelresources. com/sourcing-hub/indian-subcontinent-emerg-ingas-denim-hub-with-complete-and-compatible-supply-chain/. Accessed April 16, 2016.

Badore, M. (2014). Levi Strauss & Co. launches water-recycling process to make jeans. 26 Feb-ruary. http://www. treehugger. com/corporate-responsibility/levi-strauss-co-launcheswater-recycling-process-make-jeans. html. Accessed April 17, 2016.

Baker, B. (2013). Innovative company transforms recycled jeans into coasters, Wallets and rings. 9 December. http://ecowatch. com/wp-content/uploads/2013/12/Untitled. jpg. Ac-cessed April17, 2016.

Ball, D. L. & Hance M. H. (1994). Process for recycling denim waste-US 5369861. 6 Dec. ht-tp://www. google. co. in/patents/US5369861. Accessed April 20, 2016.

Barker, E. (2013). The problem with Indigo. 16 October. http://www. popsci. com/blog-net-work/techtiles/problem-indigo. Accessed April 20, 2016.

Beck, R. W. (2001). U. S. Recycling economic information study. http://infohouse. p2ric. org/

ref/19/18327/fullreireport. pdf. Accessed April 5,2016.

Belly. (2011). Most common finishes for Jeans. January 29. http://www. denimhelp. com/most-common-finishes-for-jeans/. Accessed April 19,2016.

Berry,M. ,& Bove,F. (1997). Birth weight reduction associated with residence near a hazardous waste landfill. 105(8),856-861. http://www. ncbi. nlm. nih. gov/pubmed/9347901. AccessedApril 1,2016.

Bishop,M. (2014). Ozone finishing for denim reduces environmental impact,processing costs and processing time. 01 August. http://apparel. edgl. com/news/Ozone-Finishing-for-Denim-Reduces-Environmental-Impact,-Processing-Costs-and-Processing-Time94272.

Blue Jeans. (2011). The History of Blue Jeans-Impact on America. 31 March. http://blue-jeans. umwblogs. org/impact-on-america-2/. Accessed April 20,2016.

Candy,F. J. (2005). The fabric of society：An investigation of the emotion and sensory experience of wearing denim clothing. Sociological Research Online,10(1). March 31. Accessed March26,2016.

Caufield,K. (2009). Sources of textile waste in Australia. http://www. nacro. org. au/wp-content/uploads/2013/04/TEXTILE-WASTE-PAPER-March-2009-final. pdf. Accessed January 20,2016.

Comstock,S. C. (2016). The rise and demise of American Blue Jean：Hoe Mexico and East Asia helped make and Unmake twentieth century Icon and National Industry. http://www. ucl. ac. uk/global-denim-project/nn. Accessed March 26,2016.

Cooper,J. (2016). Happiness：It's not in the jeans. News Release. http://karenpine. com/wp-content/uploads/2012/03/PR-Happiness-its-not-in-the-jeans. pdf. Accessed March 21,2016.

Courtenay,E. (2007). Crespi 1797：Organic Italian Linen. 13 April. http://www. treehugger. com/sustainable-fashion/crespi-1797-organic-italian-linen. html. Accessed April 20,2016.

Creek Life. (2016). The death of Denim：How great it would be! https://creeklife. com/blog/environmental-aspects-of-blue-jeans. Accessed April 20,2016.

Cuc,S. ,& Vidovic,M. (2011). Environmental sustainability through clothing recycling. Operations and Supply Chain Management,4(2/3),108-115. Accessed April 5,2016.

DEEP. (2016). Textiles are so much more than just clothes. http://www. ct. gov/deep/cwp/view. asp? a=2714&q=537718&deepNav_GID=1645. Accessed January 20,2016.

Denim Club. (2014). Indian denim industry: It's all in the jeans. 10 May. http://www. denim-clubindia. org/rsrc/newsPg/news_disp. asp? item_id=4388. Accessed April 16,2016.

Denim Future. (2016). A complete denim guide for beginner: Washes,finishes & terms. http://www. denimfuture. com/read-journal/a-complete-denim-guide-for-beginner-washes-finishesand-terms. Accessed April 19,2016.

Dockery,D. V. V. ,& Pope,C. A. (1994). Acute respiratory effects of particulate air pollution. 15,107-132. http://www. ncbi. nlm. nih. gov/pubmed/8054077. Accessed April 3,2016.

Dolk,H. ,Vrijheid,M. ,Armstrong,B. ,Abramsky,L. ,Bianchi,F. ,Garne,E. ,et al. (1998). Risk of congenital anomalies near hazardous-waste landfill sites in Europe: The EUROHAZ-CON study. Lancet, 352 (9126), 423 - 427. http://www. ncbi. nlm. nih. gov/pubmed/9708749. Accessed April 1,2016.

Downey,L. (2014). A short history of Denim. http://www. levistrauss. com/wp-content/uploads/2014/01/A-Short-History-of-Denim2. pdf. Accessed March 16,2016.

Dystar. (2016). Wash water reuse and indigo recycling on denim dyeing ranges. http://www. dystar. com/wpcontent/uploads/2015/11/Indigo_water_resuse_looptec_6_print_Nomarks. pdf. Accessed April 15,2016.

ECO. (2014). Ethical Jeans. http://www. thegoodshoppingguide. com/ethical-jeans/. Accessed April17,2016.

Elliot,P. ,Eaton,N. ,Shaddick,G. ,& Carter,R. (2000). Cancer incidence near municipal solid waste incinerators in Great Britain. Part: histopathological and case-note review of primaryliver cancer,82(5),1103-1106. Accessed April 3,2016.

Elliot,P. ,Hills,M. ,Beresford,J. ,Kleinschmidt,I. ,Jolley,D. ,Pattenden,S. ,et al. (1992). Incidence of cancers of the larynx and lung near incinerators of waste solvents and oils in Great Britain. 339(8797),854-858. Accessed April 3,2016.

Elliot,P. ,Shaddick,G. ,Kleinschmidt,I. ,Jolley,D. ,Walls,P. ,Beresford,J. ,et al. (1996). Cancer incidence near municipal solid waste incinerators in Great Britain. British Journal of Cancer,73(5),702-710. http://www. ncbi. nlm. nih. gov/pmc/articles/PMC2074344/. Accessed April 3,2016.

EPA. (2014). Municipal solid waste generation,recycling,and disposal in the United States: Facts and figures for 2012. https://www3. epa. gov/wastes/nonhaz/municipal/pubs/2012_msw_fs. pdf. Accessed April 13,2016.

Erdumlu, N. , Ozipek, B. , Yilmaz, G. , & Topatan, Z. (2012). Reuse of effluent water obtained in different textile finishing processes. Autex Research Journal, 12 (1), 23 – 26. http://autexrj. com/cms/zalaczone_pliki/0005_12. pdf. Accessed April 17, 2016.

Espirit. (2016). Sustainability in practice. http://www. esprit. com/company/sustainability/ sustainability_in_practice/. Accessed April 20, 2016.

Etsy. (2016). Recycled denim rug. https://www. etsy. com/in-en/market/recycled_denim. Accessed April 15, 2016.

Fischer, C. (2000). Household and municipal waste: Comparability of data in EEA member countries. http://www. eea. europa. eu/publications/Topic_report_No_32000. Accessed April 20, 2016.

Goldberg, M. S. , al-Homsi, N. , Goulet, L. , & Riberdy, H. (1995). Incidence of cancer among persons living near a municipal solid waste landfill site in Montreal, Québec. 50(6), 416 – 424. http://www. ncbi. nlm. nih. gov/pubmed/8572719. Accessed April 2, 2016.

Goldberg, M. S. , DeWar, R. , Desy, M. , Riberdy, H. (1999). Risk of developing cancer relative to living near a municipal solid waste landfill site in Montreal, Quebec, Canada. Archives of Environmental Health, 54, 291–296. Accessed April 2, 2016.

Goldman, L. R. , Paigen, B. , Magnant, M. M. , & Highland, J. H. (1985). Low birth weight, prematurity and birth defects in children living near the hazardous waste site. Love Canal, 2(2), 209–223. https://www. researchgate. net/publication/233783949_Low_Birth_Weight_Prematurity_and_Birth_Defects_in_Children_Living_Near_the_Hazardous_Waste_Site_Love_Canal. Accessed April 1, 2016.

Gorbachev, M. (2004). The road to a sustainable environment and a safer world: A call for global glasnost. http://www. socsci. uci. edu/files/announcements/cpb/gorbachev. htm. Accessed 23 March. Gordon, S. , & Hsieh, Y. L. (2007). Cotton: Science and technology. England: Woodhead Publishing Limited. Accessed January 20, 2016.

Green Home Guide. (2009). Choosing the best insulation delivers energy savings. http://www. greenhomeguide. com/know – how/article/choosing – the – best – insulation – delivers – energy – savings. Accessed April 17, 2016.

Guang, L. , Mingzhuo, J. , & Guang, L. (2013). The denim capital of the world: So polluted you can't give the houses away. 13 August. http://www. primark. com/en/our – ethics/environment/raw-materials. Accessed April 20, 2016.

Gustavsson, P. (1989). Mortality among workers at a municipal waste incinerator. American Journal of Industrial Medicine, 15(3), 245-253. http://www. ncbi. nlm. nih. gov/pubmed/2929614. Accessed April 3, 2016.

Hasan, K. (2013). Environmental damage in Bangladesh. 14 July. http://www. nytimes. com/slideshow/2013/07/14/world/asia/07142013BANGLADESH-9. html. Accessed April 20, 2016.

Hegarty, S. (2012). How jeans conquered the World. BBC World Service. http://www. bbc. com/news/magazine-17101768. Accessed March 15, 2016.

Hirsh, G. F. (2002). System and method for reconstituting fibers from recyclable waste material—US 6378179 B1. http://www. google. co. in/patents/US6378179. Accessed April 6, 2016.

Kasiv Leather Label. (2016). http://www. kasivetiket. com/tr/8-sifir-krom-oeko—tex-leather/. Accessed April 16, 2016.

Katsouyanni, K., Touloumi, G., Spix, C., Schwartz, J., Balducci, F., Medina, S., et al. (1997). Short-term effects of ambient sulphur dioxide and particulate matter on mortality in 12 European cities: Results from time series data from the APHEA project. Air Pollution and Health: A European Approach, 314(7095), 1658-1663. http://www. ncbi. nlm. nih. gov/pubmed/9180068. Accessed April 3, 2016.

Keshan, S. P. (2009). Ozone: A tool for denim processing. http://www. fibre2fashion. com/industryarticle/4146/ozone-a-tool-for-denim-processing? page=1. Accessed April 20, 2016.

KNITcMA. (2011). Vision (Agenda). http://www. knitcma. com/KNITcMA_HtmX/Vision. htm. Accessed March 29, 2016.

Kobayashi, V. (2013). Raw materials for blue jeans. 3 March. http://www. designlife-cycle. com/denim/. Accessed April 19, 2016.

Kobori, M. (2015). Levi Strauss & Co: Bring us your old jeans. http://ecowatch. com/2015/07/22/levis-bring-us-your-old-jeans/. Accessed April 7, 2016.

Kriger, C. E., & Connah, G. (2006). Cloth in West African history. UK: Altamira Press, ISBN0-7591-0422-0. Accessed April 20, 2016.

Lenzing. (2011). Tejidos Royo: New concepts. 21 February. http://blog. lenzing. com/2011/02/tejidos-royo-new-concepts/. Accessed April 16, 2016.

Levi Strauss & Co. (2015). The life cycle of a jean. January 24. http://levistrauss. com/wp-content/uploads/2015/03/Full-LCA-Results-Deck-FINAL. pdf. Accessed April 19, 2016.

Levi's. (2016). What's your curve ID. http://www. levi. com/GB/en_GB/women/fit-guides/ curveid-tool. Accessed April 19,2016.

Lindzy,V. (2016). Denim upcycled—rag rug—loom woven. https://www. etsy. com/in-en/ listing/243499935/denim-upcycled-rag-rug-loom-woven? Accessed April 15,2016.

Little,D. (2007). Denim: An American Story. USA: Schiffer Publishing Ltd. 1 July. http:// www. amazon. com/Denim-American-Story-Schiffer-Book/dp/0764326864. Accessed March 26,2016.

Made-By. (2016). About the benchmark for fibers. http://www. made-by. org/consultancy/ tools/environmental/. Accessed April 15,2016.

Madewell. (2015). Our national denim recycling drive, by the numbers. 8 October. https:// blog. madewell. com/2015/10/08/our-national-denim-recycling-drive-by-the-numbers/# more-8974. Accessed April 15,2016.

Madewell. (2016). Recycle you old jeans with us. https://www. madewell. com/madewell_fea- ture/DENIMDONATION_sm. jsp. Accessed April 15,2016.

McCurry & John W. (1996). Blue jean remnants keep homes warm. Textile World,146(10), 84-89. http://connection. ebscohost. com/c/articles/9702161537/blue-jean-remnants- keep-homes-warm. Accessed April 15,2016.

Mercer,H. (2010). Denim pollution—solutions to sulphur dyeing wastes. 15 May. http://www. denimsandjeans. com/denim/manufacturing-process/denim-pollution-solutions-to-sul- phurdyeing-wastes/. Accessed April 20,2016.

Mikkaworks. (2016). Fabrics and clothing production. http://www. mikkaworks. com/. Access- ed April 20,2016.

Mondal,M. ,Gohs,U. ,Wagenknecht,U. ,& Heinrich,G. (2013). Polypropylene/natural rubber thermoplastic vulcanizates by eco-friendly and sustainable electron induced reactive process- ing. Radiation Physics and Chemistry, 88 (0), 74-81. http://adsabs. harvard. edu/abs/ 2013RaPC⋯88⋯74M. Accessed April 15,2016.

Mud Jeans. (2016a). Lease a jeans. http://www. mudjeans. eu/lease-a-jeans/. Accessed April 15,2016.

Mud Jeans. (2016b). The Recycle Process. http://www. mudjeans. eu/recycle-tour/the-recy- cleprocess/. Accessed April 15,2016.

National Recycling Coalition. (2007). Conversionator—recycling calculator. http://philmang.

com/work/nrc/shell_pepsi. html. Accessed April 17,2016.

Natural Environment. (2008). What is organic linen. 24 January. http://www. natural-environment. com/blog/2008/01/24/what-is-organic-linen/. Accessed April 20,2016.

Ocean Crusaders. (2016). Plastics ain't so fantastic. http://oceancrusaders. org/plastic-crusades/plastic-statistics/. Accessed April 17,2016.

Op,G. (2014). Life cycle of a jean and our clothing footprint. https://globalaspect. wordpress. com/2014/01/24/life-cycle-of-a-jean-and-our-clothing-footprint/. Accessed April 19,2016.

Paul,R. (2015). Denim—manufacture,finishing and applications. UK: Woodhead Publishing. ISBN 9780857098436. Accessed April 5,2016.

Peck,J. ,& Wiggins,J. (2006). It just feels good: Customers' active response to touch and its influence on Persuasion. Journal of Marketing,70,56-69. http://www. scodix. com/wp-content/uploads/2012/12/It-Just-Feels-Good-Customers-Affective-Response-to-Touch-and-Its-Influence-on-Persuasion. pdf. Accessed April 19,2016.

Rahman,O. (2011). Understanding consumers' perceptions and behaviour: Implications for denim jeans design. Journal of Textile and Apparel,Technology and Management,7(1),1-16. http://ojs. cnr. ncsu. edu/index. php/JTATM/article/viewFile/845/909. Accessed April 19,2016.

Rao,S. I. (2016). Potentially revolutionary. http://www. borderandfall. com/karigar/khadi-denimrevolutionary-textile/. Accessed April 16,2016.

Rapiti,E. ,Sperati,A. ,Fano,V. ,Dell'Orco,V. ,& Forastiere,F. (1997). Mortality amongst workers at municipal waste incinerators in Rome: A retrospective cohort study. American Journal of Industrial Medicine,31,659-661. Accessed April 2,2016.

REMO. (2014). It's not over for used garments,in fact it's just the beginning. http://www. joinremo. com/. Accessed April 19,2016.

REMO. (2015). Red light denim,carrying the free spirit of Amsterdam inside. http://www. joinremo. com/case-studies/. Accessed April 18,2016.

Robinson,T. E. (2003). Clothing behaviour, body cathexis, and appearance management of women enrolled in a commercial weight loss program. Dissertation. https://theses. lib. vt. edu/theses/available/etd-08012003-155510/unrestricted/TR-ETD. pdf. Accessed April 19,2016.

Rushton, L. (2003). Health hazards and waste management. British Medical Bulletin, 68, 183–197. http://bmb. oxfordjournals. org/content/68/1/183. full. Accessed April 9, 2016.

Science Quest. (2016). Separating mixtures. http://www. wiley. com/legacy/Australia/Page-Proofs/SQ7_AC_VIC/c05SeparatingMixtures_WEB. pdf. Accessed April 9, 2016.

Schmitt, B. H. , & Simon, A. (1997). Marketing aesthetics: The strategic management of brands, identity and image. New York: Free Press. Accessed April 19, 2016.

Schorlemmer, C. (1874). A manual of the chemistry of the carbon compounds or organic chemistry. London: Macmillan and Co. Accessed April 20, 2016.

Shore, M. (1994). The impact of recycling on jobs in North Carolina, University of North Carolina. http://infohouse. p2ric. org/ref/24/23720. pdf. Accessed April 5, 2016.

Skal. (2016). EC legislation. https://www. skal. nl/home−en−gb/about−skal/ec−legislation/. Accessed April 20, 2016.

Steingruber, E. (2004). Indigo and indigo colorants, Ullmann's encyclopedia of industrial chemistry. Weinheim: Wiley − VCH, doi: 10. 1002/14356007. a14 _ 149. pub2. Accessed April 20, 2016.

Study Blue. (2013). Seam classification. https://www. studyblue. com/notes/note/n/amad − 231−study−guide−2013−14−baytar−/deck/8693137. Accessed March 15, 2016.

Sullivan, J. (2006). Jeans: A cultural history of an American Icon. New York: Gotham Books. Accessed March 15, 2016.

The Economist. (2007). The truth about recycling. 7 June. http://www. economist. com/node/9249262. Accessed December 12, 2016.

Trash to Trend. (2016). Trash to trend—Concept. http://trash−to−trend. myshopify. com/pages/concept. Accessed March 29, 2016.

Upadyayay, D. , & Ambavale, R. (2013). A study on preference with reference to denim jeans in female segment in Ahmedabad City. International Journal of Management and Social Sciences (IJMSSR), 2(4), 153–159. Accessed April 19, 2016.

Vaughn, J. (2014). Five new ways the circular economy can build brand experience. http://www. theguardian. com/sustainable−business/five−ways−circular−economy−brand−experience. Accessed April 15, 2016.

Venngoor, M. (2016). Denim economics. http://www. markvennegoor. nl/current−projects/denimeconomics/. Accessed April 15, 2016.

Vianna, N. J. , & Polan, A. K. (1984). Incidence of low birth weight among Love Canal residents. Science, 226(4679), 1217–1219. Accessed April 1, 2016.

Vohra, A. (2015). The green denim. 19 April. http://www. financialexpress. com/article/industry/companies/the-green-denim/64861/. Accessed April 20, 2016.

Voncina, B. (2000). Recycling of textile materials. http://www. 2bfuntex. eu/sites/default/files/materials/Recycling%20of%20textile%20materials_Bojana%20Voncina. pdf. Accessed April 7, 2016.

Vrijheid, M. , Dolk, H. , Armstrong, B. , Abramsky, L. , Bianchi, F. , Fazarinc, I. , et al. (2002). Chromosomal congenital anomalies and residence near hazardous waste landfill sites. Lancet, 359(9303), 320–322. http://www. ncbi. nlm. nih. gov/pubmed/11830202. Accessed April 1, 2016.

Walker, A. (2007). 100 % organic cotton in conversion. 15 August. http://www. indigoclothing. com/blog/100-organic-cotton-in-conversion/. Accessed April 20, 2016.

Weber, C. (2006). Me and my Calvins. The New York Times. August 20. http://www. nytimes. com/2006/08/20/books/review/20Weber. html? _r=0. Accessed April 20, 2016.

WHO. (2000). Methods of assessing risk to health from exposure to hazards released from waste landfills. 12 April. http://apps. who. int/iris/bitstream/10665/108362/1/E71393. pdf. AccessedApril 1, 2016.

Wilbur, H. (2015). Rags for riches: Clothing brands are offering discounts for used clothing. http://mashable. com/2015/11/08/recycle-used-clothing/#5ND0c5aDIGqs. Accessed April 16, 2016.

William, P. (2016). Project weaving the way to cleaner oceans. http://rawfortheoceans. g-tar. com/#! /tagged/project/0. Accessed April 17, 2016.

Williams, P. (2016). Raw for the oceans is a purpose made into a clothing line. http://rawfortheoceans. g-star. com/#! /post/112524429531. Accessed April 15, 2016.

World Bank. (2013). Global waste on pace to triple by 2100. 30 October. http://www. worldbank. org/en/news/feature/2013/10/30/global-waste-on-pace-to-triple. Accessed April 21, 2016.

Wu, J. , & Delong, M. (2006). Chinese perceptions of western-branded denim jeans: A Shanghaicase study. Journal of Fashion Marketing and Management, 10(2), 238–250. http://www. emeraldinsight. com/doi/abs/10. 1108/13612020610667531. Accessed April 19, 2016.

WWF. (2008). The 2008 living planet report. http://wwf. panda. org/about_our_earth/all_publications/living_ planet _ report/living _ planet _ report _ timeline/lpr _ 2008/. Accessed April 5,2016.

YKK. (2016). Anodized plus aluminium finishes. https://www. ykkap. com/commercial/performance−product−lines/anodized−plus−aluminum−finishes/. Accessed April 15,2016.

Yu, N. (2014). Research levi's. http://yuhiunamtextileinnovation. blogspot. in/2014/11/researchlevis. html. Accessed April 17,2016.